Ingerose Paust

Ich sage dennoch

Eine historische Erzählung

BRUNNEN VERLAG GIESSEN / BASEL

ABCteam-Bücher erscheinen in folgenden Verlagen:
Aussaat Verlag Neukirchen-Vluyn
R. Brockhaus Verlag Wuppertal
Brunnen Verlag Gießen
Christliches Verlagshaus Stuttgart
(und Evangelischer Missionsverlag)
Oncken Verlag Wuppertal und Kassel

Die Deutsche Bibliothek – CIP-Einheitsaufnahme
Paust, Ingerose:
Ich sage dennoch : eine historische Erzählung /
Ingerose Paust – Gießen ; Basel : Brunnen-Verl., 1993
(ABC-Team)
ISBN 3-7655-1545-0

Illustration und Umschlaggestaltung:
Enno Kleinert, München
Satz: AbSatz, Klein Nordende
Herstellung: Ebner Ulm
ISBN 3-7655-1545-0

I

Das Tagwerk ist geschafft.

Müde trottet der schwarzbunte Ochse heimwärts. Speichel trieft aus seinem Maul.

»Hü, Schwarzer!«

Der Karren holpert hinterdrein. Die Räder knarren und quietschen.

»Hü, hüü!« Brosius Utmann schwingt die Peitsche. Aber sie trifft das Tier nicht, zerschneidet nur pfeifend die Luft. Auch das »Hü« ist nur Gewohnheit, denn der Bauer hat keine Eile. Es ist nicht mehr weit nach Hause. Die letzte Wegbiegung – jetzt kann er sein einsames Gehöft schon sehen.

Zur Linken schlängelt sich der Lößnitzbach durch Wiesen und Felder. Man hört ihn kaum. Kein Wunder, führt er doch in diesem dürren Sommer von Tag zu Tag weniger Wasser.

Es beginnt zu dunkeln. Wie wohl die Abendkühle nach dem brennenden Septembertag tut! Zwar stirbt mit dem Tag auch die Hoffnung, daß endlich einmal Regen die steinharte Erde tränkt. Doch vielleicht morgen?

Herrgott, erbarme dich!

Andreas, der Sechsjährige, tollt dem Bauern entgegen. »Vater, ein Kaufherr hat bei uns um Herberge gefragt. Er hat zwei glänzende braune Pferde – sie stehen schon in der Stallung. Und ein Gewand trägt er, so fein, wie es vielleicht nicht einmal der Kaiser hat. Sein Planwagen ist riesengroß. Siehst du ihn, Vater, dort?! Und seine Stiefel, das wunderliche Barett ... und ... und ... und ...«

Es kommt nicht alle Tage vor, daß ein Kaufherr beim Fronbauern Utmann einkehrt. Zwar nimmt manch einer von Dresden her seinen Weg hier vorbei, um bei Hohenfichte die Flöha zu durchqueren. Meist aber wollen sie noch am selben Tage die Stadt Zschopau erreichen. Dort führt die Salzstraße von Halle her übers Gebirge nach Böhmen hinein.
Sabina, die schmächtige blonde Frau, wartet an der Tür. »Der Junge hat dir wohl erzählt, daß wir einen Gast haben. Ich ließ ihn die Gäule in die Stallung führen. Es ist eng, doch die Schecken sind ohnehin auf der Weide, und ich meine, auch der Schwarze kann gut bei ihnen bleiben.«
»Ist recht.« Utmann nickt.
Drinnen bietet ihm der Kaufherr die Hand. »Ich danke Euch, daß Ihr mir Herberge gewährt. Die Pferde mochten nicht mehr ziehen. Kann's ihnen nicht verdenken, war ich doch selbst froh, haltmachen zu können.«
»Wenn Ihr mit dem einfachen Lager zufrieden seid?«
Brosius' Augen tasten heimlich das kostbare Tuchgewand des Fremden ab. Daneben sein zerschlissenes Bauernwams, die groben Hosen über staubig nackten Füßen. Muß er sich seiner Armut schämen?
Ein wohlwollender Blick des Gastes macht ihn wieder freimütig. »Ein Trunk kühle Milch wird Euch guttun!«
»Dank Euch, Bauer, daran habe ich mich schon erfrischt.«
Während Utmann hinausgeht, den Karren abzuladen, hantiert Sabina an der Feuerstelle.
Dünner Rauch steigt zur Dachöffnung auf.
Der Fremde räkelt sich und lehnt seinen Rücken gegen die Wand. Er hat Muße, sich ein wenig umzuschauen.
Weiß Gott, der Reichtum ist hier nicht zu Hause! Roh gezimmert Tisch und Bank. Auf einem Wandbrett ein paar irdene Schüsseln und hölzernes Gerät. In der Ecke ein Spinnrad, klobig und alt. Vor das einzige Fenster ist eine Schweinsblase gespannt – anderswo verwendet man längst Glas.
Doch was tut das alles! Er ist froh, nach der anstrengenden

Tagesreise ausspannen zu können. Und das Strohlager sieht frisch und sauber aus. Zudem gefallen ihm die jungen Bauersleute, die stille Frau und der Mann mit dem offenen Blick. Ihre Freundlichkeit soll sie nicht reuen ...
Sabina setzt Grützbrei und frische Milch auf den Tisch. Alle falten über dem kargen Mahl ihre Hände.
Bald kommt zwischen den Männern ein Gespräch in Gang.
»Ein heißer Tag heut wieder ...«
»Ihr werdet müde sein von der langen Fahrt.«
»Ich war müde, ja. Doch der Reisestaub ist abgewaschen, jetzt bin ich erfrischt. Ihr als Bauer werdet an dieses trockene Jahr 1567 auch nicht gerade mit Freude denken.«
»Freilich. Die Ernte war spärlich. Knapp wird es diesen Winter hergehen. Und im Frühjahr die Saat ... Hätten wir kein Gottvertrauen, Herr, es wär' zum Verzagen. Nachbar Matthes hofft darauf, daß der Kurfürst uns etwas vom Zehnten nachlassen wird – hahahaha! Den Amtleuten wird's schon nicht gefallen, daß er ohnedies geringer ausfällt als die Jahre zuvor. Dazu die Plage mit dem Wild ...«
Andreas hat mit offenem Mund gelauscht.
»Scher dich auf dein Lager«, verweist ihn der Vater. »Es wird Zeit!«
Der Junge steht wie gebannt. Sabina holt ihn und legt ihn neben die beiden kleinen Mädchen, die schon fest schlafen.
»Ja, das Wild«, nimmt der Kaufmann das Gespräch wieder auf, »wie oft hörte ich schon, daß es dem Bauern schweren Schaden auf den Feldern zufügt.«
»Und der Bauer darf sich nicht wehren, ist es doch kurfürstlich sächsisches Wild!«
»Bald werden Reh und Hase in den hiesigen Wäldern abnehmen, Bauer.«
»Wie meint Ihr das, Herr?«
Der Kaufmann greift in seine Rocktasche und wirft drei Münzen auf den Tisch. Das Silber blinkt im Licht des Kienspanes, den Sabina an der Feuerstelle entzündet hat.

»›Tandem bona causa triumphat‹ – Endlich hat die gute Sache gesiegt! Das ließ der Kurfürst dieser Münze aufprägen, als nach den neun langen Kriegsjahren im April der Grimmenstein fiel und damit die Grumbachischen Händel endlich zum Ende kamen. Nun wird der Landesherr ein Siegesmal errichten lassen, ein großartiges Jagd- und Lustschloß hier im Erzgebirge. Da wird das Hifthorn oft in den Wäldern erschallen.«
»Im Erzgebirge, sagt Ihr?«
»Ja, ganz in Eurer Nähe, hörte ich, soll das Schloß erbaut werden; auf dem Schellenberg. Es heißt, daß es des Landesvaters Namen tragen wird.«
Als der Bauer nichts entgegnet, fährt der Kaufmann fort: »Vielleicht soll dieses Siegesmal auch jedermann die Macht des Hauses Wettin zeigen. Zugleich wird es ein Zeichen des Friedens sein. Krieg zerstört – der Friede baut.«
»Nur der Friede baut«, wiederholt Brosius Utmann nachdenklich. »Das ist wahr! Für tausend zerstörte Häuslerstellen also ein – wie sagtet Ihr doch? – Jagd- und Lustschloß ... Wer wird es bauen?«

Als der Fremde schon längst schläft, liegen Brosius und Sabina noch immer wach.
»Mir ist, als käme dunkle Zeit auf uns zu«, flüstert die Frau. Eine harte Hand umschließt ihre schmale – ungewohnt tröstende Gebärde in der Tage Unrast. »Ihr Stillen seht das Kommende oft dunkler, als es vonnöten ist, Sabina. Es wird das dürre Jahr, die karge Ernte sein, was dich sorgen läßt.«
»Oh nein, Brosius, das allein ist's gewiß nicht. Und meine Ahnungen haben mich selten betrogen ...«

2

Graf Günther von der Schwarzburg faltet bedächtig den Brief zusammen, den er eben gelesen hat.

»Soso!« sagt er vor sich hin. »Soso!« Ein paarmal geht er im Zimmer auf und ab. Dann setzt er sich wieder in seinen Sessel und betrachtet das Schreiben noch einmal.

»Warum ausgerechnet meinen?« murmelt er dabei. »Hat er denn selbst nur den Alten und nicht auch einen Jüngeren? Zwar werde ich den Niederländer im nächsten Jahr nicht sonderlich entbehren. Es wäre auch gut, keine böse Miene zu zeigen. Denn verbessern wird es mein Verhältnis zu ihm, und das ist gewiß gerade jetzt nicht zu verachten. Ist doch seine Macht durch den jüngsten Sieg unangreifbar und fest. Sein Vorhaben wird eine schöne Stange Gold kosten – dabei spricht man von Seiner Gnaden, dem sparsamsten Haushalter. Doch das soll mich nicht kratzen. – Veit!« ruft er seinen Diener. »Veit! Hol Er mir meinen Baumann her!«

Veit steht unschlüssig.

»Was glotzt Er mich so blöde an? Meinen Werkmeister van der Meer soll Er mir rufen, hat Er nicht gehört?!«

Kaum ist Veit gegangen, spricht Graf Günther wieder zu sich selbst, wie es seine Gewohnheit ist.

»Dummes Volk, das! Da ist nichts zu machen. Nun, meinethalben soll's ewig dumm bleiben. Ist zwar mitunter schweres Hantieren für unsereinen. Vielleicht aber wär' ein noch schlechteres Auskommen mit Klügeren. – So, da ist Er ja«, wendet er sich dem hochgewachsenen, dunklen jungen Mann zu, der gerade mit untertäniger Verbeugung eintritt.

»Der Herr Graf haben befohlen ...«

»Ja, mein lieber van der Meer, und ich will Ihm auch gleich sagen, worum es geht. Er weiß, ich bin kein Freund langer Umschweife. Der Wind, so scheint's, hat Seinen Ruf als tüchtigen Baumann in alle Richtungen getragen. Seine Gnaden,

Kurfürst August von Sachsen, gedenken, ein Jagdschloß zu errichten. Und da sein bewährter Baumeister, wie er schreibt, schon bejahrt ist, wünscht er ihm einen jungen zur Seite zu stellen. Dazu hat er Euch ausersehen, Erhardt van der Meer. Er wird sich also schleunigst mit besagtem Baumeister, Lotter mit Namen, ins Einvernehmen setzen. Im kommenden Frühjahr soll Er sich am Bauplatz auf dem Schellenberg einfinden. Doch darüber wird Ihm der Kurfürstliche Bote, Herr Wolff von Kanitz, Weiteres sagen. Bespreche Er sich mit ihm. Ich will veranlassen, daß er Euch heute abend im Hirschen erwartet ...«

»Auf Euer Wohl denn, Herr Wolff!«
»Und auf das Eure, Herr Erhardt!«
Hell klingen die Becher aneinander.
»So wären wir also handelseins, und ich kann Seiner Kurfürstlichen Gnaden überbringen, daß Ihr für sechs Gulden die Woche am Bau tätig sein werdet. Wollt Ihr mir diesen Kontrakt dazu unterzeichnen?«
»Verzeiht, Herr Wolff, ich muß Euch mit allem Freimut sagen, daß ich weder lesen noch schreiben kann. Denkt deshalb nicht gering von mir. In meinem Fach weiß ich die Hand zu führen. Ich habe, ohne mich damit etwa brüsten zu wollen, schon manche Zeichnung für große Bauwerke verfertigt.«
»Euer Siegel genügt auch.«
»Ich habe auch kein Petschaft, Herr Wolff. Aber der Vertrag gilt, wenn Ihr ihn mir vorgelesen habt. Hier meine Hand – ist Euch das genug?«
»Gut – ich schlag ein!«
»Heda, Resi, schönes Kind, bring uns noch eine Flasche Weißen!«
»Und vom roten Wein auch noch eine!«
»Nun sagt mir aber, wer ist dieser Lotter, von dem der Kurfürst so viel erwartet?«

»Der Lotter – oh, der ist vielerlei. Ihr macht ein ungläubiges Gesicht? Ihr werdet gleich sehen, daß ich den Mund nicht zu voll genommen habe. Einmal ist er Kaufmann. In Leipzig betreibt er seine Geschäfte, und Seine Kurfürstliche Gnaden bedienen sich seiner gern und oft. So liefert er, um nur eines zu nennen, den Wein für den Hof. Auserlesene Sorten, mein Freund! Dagegen ist das hier galliges Wasser. Aber weiter! Mehrere Jahre hindurch bekleidet er schon das Amt des Leipziger Bürgermeisters. Dazu dient er seit dem Jahre Fünfzig, also schon siebzehn Jahre lang, dem Hofe als Baumeister. Die Pleißenburg, jetzt fast vollendet, ist Euch gewiß nicht unbekannt. Auch das Leipziger Rathaus ist unter seiner Leitung in unwahrscheinlich kurzer Zeit entstanden.«
»Graf Günther erwähnte, er sei schon bejahrt ...?«
»Siebzig Jahre mag er zählen.«
Herr Wolff leert zum wiederholten Male seinen Becher. Mit jedem Schluck, so scheint's, geht ihm die Rede rascher vom Munde.
»Ja, siebzig Jahre. Dennoch ist der Kurfürst ganz versessen auf ihn. Fuhr er mit der Kurfürstin nach Leipzig – oder auch allein –, wo kehrte er ein? Bei ihm! Fuhr er ins Gebirge zur Jagd, wo schlug er sein Quartier auf? In Lotters Haus in Geyer! Der Kaufmann, Bürgermeister und Baumeister besitzt dort nämlich noch Bauwerke, müßt Ihr wissen. Das vergaß ich vorhin zu erwähnen. Seine Vielseitigkeit werdet Ihr also kaum in Abrede stellen wollen.
Resi, noch eine Flasche von dem Weißen! Wenn ich auch schon besseren getrunken habe ... Was wollte ich Euch jetzt erzählen? Richtig, das wollte ich sagen: Der alte Hieronymus soll nicht gerade einen Freudensprung getan haben, als er den Auftrag erhielt. Kann es mir denken. Würde mir in seinen Jahren auch einen beschaulichen Tag vorziehen. Aber – und das merkt Euch gut! – Fürstengnade ist Sonne! Wer will sich da wissentlich in den Schatten stellen?«

»Ich bitt' schön, edler Herr!« Resi kredenzt mit lächelndem Kirschmund den bestellten Wein.
»Au! Was habt Ihr mich in die Waden zu kneifen! Au!« kichert sie.
»Wer wird gleich so schreien! Komm, setz dich zu mir ...« Wolf legt seinen Arm um ihre schmale Hüfte und zieht sie auf seine Knie.
»Wie dürft Ihr, edler Herr?!« schmollt Resi und ist doch ganz eine bienenselige Blüte.
Erhardt van der Meer kümmert es nicht, daß Wolff dem Mädchen die Wangen tätschelt und mit ihr schäkert. Er hängt viel lieber seinen Gedanken nach. Alt ist der Meister also, wenn auch noch tüchtig ... Liegt hier seine, des jungen Baumeisters große Gelegenheit? Ein kaum merkliches Lächeln huscht über des Niederländers ausdrucksvolles Gesicht. Es ist nicht das erste Mal diesen Abend.
Ein unterdrückter Juchzer – ein bunter Rock fliegt vorbei ... Erhardt van der Meer und Wolff von Kanitz sitzen sich wieder allein gegenüber.
»Sind denn die Baupläne schon fertig?« Erhardt tut, als stellte er die nebensächlichste Frage.
»Die Pläne?« Wolff überlegt. Ein paar Schluck Wein bringen ihm offenbar die Erinnerung wieder. »Die Pläne für das Schloß auf dem Schellenberg – ja, sie sollen zum Teil fertig sein, wie verlautet. Nur für die Kirche – eine Kirche wird unser gut lutherischer Landesherr natürlich auch auf dem Berg erbauen –, für diese liegt wohl noch kein Plan vor. In der vergangenen Woche haben sich Lotter und Seine Gnaden auf dem Bauplatz zu Besprechungen eingefunden. Geradewegs von dort aus bin ich her nach Schwarzburg geritten. Seine Gnaden wollen den Bau rasch fertiggestellt sehen, da duldet nichts Verzug.«
»Man wird viele Hände brauchen ...«
»Oh, habt keine Sorge, die finden sich! Wozu hat ein Fürst Untertanen? Nicht lange, so werden sie beginnen, die Brand-

ruine der Schellenburg niederzureißen. Die war dem Lande nun wirklich keine Zier mehr. Der Berg ist mit viel Bedacht zum Bauplatz erwählt worden, das werdet Ihr selbst noch sehen. Acht Stunden im Umkreis sieht man den alten Turm jetzt ragen. Wie erst, wenn das neue prachtvolle Schloß so weit in die Runde blickt ...!«

Tags darauf, nachdem er seinen Weinrausch ausgeschlafen hat, macht sich Wolff von Kanitz auf den Heimweg. Sein Roß steht gesattelt. Er reicht dem jungen Baumeister zum Lebewohl die Hand. Dazu macht er ein bedeutsames Gesicht und raunt ihm ein paar Worte ins Ohr.
Erhardt errötet wie ein Knabe, dessen Schelmengedanken jemand erraten hat. Er faßt sich aber schnell: »Also im Frühjahr dann auf dem Schellenberg!«
Wolffs Rappe trägt seinen Reiter in einer Staubwolke davon.

3

Manchmal kann die Zschopau ein wildes, reißendes Wasser sein. Dann tritt sie über ihre Ufer, umspült die Erlen und Eschen und zerrt am dichten Gesträuch. Was sie an losem Gehölz greifen kann, treibt auf den schäumenden Wogen davon. So ist es meist im Frühjahr, wenn in den Bergen der Schnee schmilzt. Aber auch manch regenreicher Herbst hat sie schon so gesehen.
In diesem Oktober ist davon freilich keine Rede, heuer ist der Fluß sogar eine Elle schmaler als sein Bett.
Es ist früher Morgen. Tau glänzt auf den Gräsern, sitzt in Tröpfchen auf den zartblauen, noch geschlossenen Blüten des Sumpfvergißmeinnicht, das hier so üppig wuchert.

Schritte im Wald, menschliche Stimmen ... Schnepfen steigen auf, streichen davon über die Wipfel der gelbbelaubten Bäume und der schlanken, dunklen Fichten.
Die beiden Röhrmeister Görge Schuster und Merten Baldauff mit dem Wasserknecht Jacob schlagen den Weg längs der Zschopau ein.
»Heute muß es sich nun entscheiden«, lenkt Görge das Gespräch auf das, was alle drei beschäftigt, obgleich sie bislang nur von nebensächlichen Dingen gesprochen haben.
»Und wenn es uns nicht gelingt?« Mertens Gesicht verrät, daß er sich nicht viel erhofft.
»Es muß uns gelingen, Merten! Schau, der Lotter will es errechnet haben, daß sich mit diesem großen Rad das Wasser in die kupfernen Röhren und bergaufwärts drücken läßt. Nach seinen Maßen hat's Brosius Lippert von der Platte verfertigt. Seine Gnaden, Kurfürst August, wollen noch diesen Monat Nachricht haben, wie's mit dem Wasser steht.«
»Freilich hängt vom Wasser alles ab. Was nützt das schönste Schloß, wenn sie jeden Tropfen Wasser im Bottich mit dem Karren holen lassen müssen!«
»Wie das schon das Bauen erschweren würde«, wirft Jacob ein.
»Lotter setzt alle Hoffnungen auf uns. Ist's doch nicht der erste Versuch, den er unternimmt. Der alte Schellenbergbrunnen ließ sich nicht tiefer graben. Röhrwasser von Waldkirchen herzuleiten, ist auch mißlungen. Ihr wißt es ja beide, du, Merten, und auch du, Jacob! Die beiden Röhrmeister liefen ebenso davon wie das Wasser, das aus den geplatzten Röhren sickerte. Damals habe ich drüber gelacht, als ich es hörte. Angsthasen, habe ich gedacht ...«
»Ich dachte nicht anders, Görge. Doch was hat man hinterher erfahren? Ihr Glück ist das gewesen! Der Kurfürst soll getobt haben wie eine Furie! ›Hätt' ich die Taugenichtse hier‹, soll er geschrien haben, ›sie sollten mir's büßen! Mein Geld vertun und kein Wasser schaffen! Ich wollte ihnen das Fell wohl gerben lassen!‹ «

»Das hat der Kurfürst gesagt?« Jacob starrt den Röhrmeister mit großen Augen an.
»Ja, das muß wohl wahr sein«, entgegnet Merten.
»Und wenn es uns heute nicht gelingt, das ...«
»Lotter will heute mittag selbst herkommen und sehen.«
»Haben wir bis zum Mittag keinen Erfolg, dann ...«
Görge bleibt stehen und nimmt seine Mütze ab. Bedeutungsvoll greift er hinein. Mertens Züge sind gespannt, Jacob sieht neugierig auf Görges Hände. Der entfaltet so behutsam, als sei es zerbrechlich, ein Pergament: »Das habe ich schreiben lassen. Von wem, kann euch gleichgültig sein. Vielleicht, daß ...« Er steckt es wieder ein und lächelt spitzbübisch. »Später sage ich euch noch, was darauf zu lesen steht.«
Bald darauf sind sie in der Nähe von Erdmannsdorf bei dem einundzwanzig Ellen großen Wasserrad angekommen und machen sich an die Arbeit.

Oben auf dem Schellenberg steht trutzig und fest noch immer der alte Turm, den niederzureißen sich arbeitsgewohnte Fäuste schon tagelang mühen. Auf so manche Art und Weise hat man es versucht – er wankt und weicht nicht. Das macht dem Mann, der mit seinem Braunen gemächlich auf dem schmalen Pfad talwärts reitet, Sorgen. Nicht daß er meint, es würde gar nicht gelingen, diesen hartnäckigen Burgfried umzulegen – nein! Er wird fallen müssen. Aber die Zeit, die Zeit! Noch hat der eigentliche Bau nicht begonnen, und schon jeden Tag neue Schwierigkeiten. Aber er macht sich selbst wieder Mut. »Nur unverzagt, alter Lotter! Hast so manches Bauwerk schon errichtet, wirst auch dieses, dein letztes, noch zuwege bringen.« Dabei strafft sich seine breite Gestalt, daß ihn keiner für den Siebzigjährigen halten würde, der er nun einmal ist.
Der Baumeister hält die Zügel lose in der Hand. Er kann sich auf seinen Adonis verlassen und während des Rittes seinen Gedanken nachhängen.

Heute abend wird er Seiner Gnaden, dem Kurfürsten, einen Brief schreiben. Wie weit die Wasserkunst an der Zschopau gediehen ist, wird er zuerst berichten. Das zu erkunden, ist das Ziel seines Ritts. Er ist voller Zuversicht, nach den mannigfachen Ärgernissen des Tages hier Erfreuliches zu sehen.
Der andere Kernpunkt seines Schreibens wird der untertänigste Dank an seinen wohlwollenden Landesherrn sein, der ihm das ganze alte und wüste Haus Schellenberg geschenkt hat. Sein fürstlicher Gönner soll diese Geste nicht bereuen. Er, Lotter, wird ihm mitteilen, daß er sich ein besonderes Wohnhaus daraus bauen will. Darin können dann auch Seine Gnaden, der kurfürstliche Bauherr, wohnen, wenn er während des Baues hier weilt. Auch daß die Pläne nun fertig sind, ausgenommen der für das Gotteshaus, ist mitzuteilen. Ferner wird er erwähnen, daß es ratsam ist, noch diesen Herbst mit dem Neubau zu beginnen. Wenn es Zeit und Wetter erlauben, ließe sich wohl noch ein gutes Stück Grundmauer schaffen. Nur der Turm, der Turm! Daß so kostbare Wochen mit dem Niederreißen der Ruine dahingehen!
In des alten Mannes Hirn kreisen unaufhörlich alle Gedanken um den Bau. Kaum in der Stille der Nacht findet er noch Ruhe. Bis in seine wirren Träume hinein hört Lotter es pochen und dröhnen.
Dazu ist dieser Bau nicht einmal der einzige, über den er zur Zeit die Oberaufsicht hat. Noch ist die Pleißenburg nicht fertig, noch arbeiten die Handwerker auch am Leipziger Schloß. Zwar hat er die Aufsicht über diese Bauten seinen beiden ältesten Söhnen Albrecht und Ludwig übertragen. Aber sind sie so mit ganzer Seele Baumeister wie er?
Adonis trägt seinen Reiter sicher über die Wege, die er nicht zum ersten Mal geht. Nur wenige Minuten noch, dann sind sie am Ziel.
Lotter lugt angestrengt zwischen den Fichtenstämmen hindurch: Dreht sich das Rad? Haben sich die nahezu dreitausend Gulden endlich bezahlt gemacht?

Der bärtige Mann hält seine Hand über die Augen: Das Rad ..., es steht ... still.
Und wo sind die Leute? Gaukeln ihm seine Sinne etwas vor?
Lotter fühlt das Blut durch seine Adern jagen. Am Rad ein Pergament, mit zwei Steinen beschwert. Er nimmt es auf und liest.

»Wir machen, was wir können;
doch wenn's uns nicht gelingt,
dann woll'n wir lieber rennen,
eh' daß der Stock erst springt.«

Lotters Hand zittert.
»Und doch muß es geschafft werden!« ruft er trotzig aus.
Adonis hebt seinen schmalen Kopf. Der Baumeister faßt die Zügel.
»Komm!« sagt er. »Komm, mein Getreuer!«

Einem wimmelnden Ameisenhaufen gleicht der Schellenberg.
Handwerker und Handlanger schaffen und werken rastlos.
Unermüdlich, tagaus und tagein – ungeschriebenes Gesetz des Ameisenvolkes.
Sie reißen Mauerreste nieder, schleppen sich lahm an großen, schweren Steinbrocken. Aufgerissen ihre Hände, ihre harten Fußsohlen bluten.
Arbeitstiere, die willenlos ihren Gesetzen folgen.
Oder sind die Ameisen des Schellenberges doch anders als die rotbraunen im Wald?
Sie haben Werkzeuge zu ihrer Arbeit. Freilich nur ganz einfache. Es gibt bessere, ja! Aber die kosten Geld. Mögen sie sich also schinden!
Mehr noch unterscheidet sie: Sie haben Namen. Und ein Herz und ein Hirn!
Aber ist das alles? Sind sie nicht noch mehr, der Ilgen Thurmer, Merten Ranisch, Caspar Kuntzell und wie sie alle heißen? Sind sie nicht – lebendige Seelen?

Adonis und sein Reiter haben die Bergkuppe wieder erreicht. Lotter springt aus dem Sattel, bemüht sich, die Zornesfalten aus seinem Gesicht verschwinden zu lassen. Keiner braucht um seine Sorgenlast zu wissen. Niemand wird auch je erraten, daß er heimlich schon die Stunde verflucht hat, in der er sich von der Kurfürstin doch noch überreden ließ, diese Aufgabe zu übernehmen. Aber mit einem Nein sich die Gunst verscherzen? Nun und nimmermehr! Lieber alle Unbill tragen.
Der Kurfürst drängt zur Eile. Er soll über seinen Baumeister nicht zu klagen haben, der wird seinen Auftrag erfüllen.
»Nicol Hofmann, habe ich Euch nicht befohlen, heute mit allen Leuten ausschließlich dem Turm zuleibe zu rücken? Und Ihr laßt schon wieder an den Mauerresten arbeiten! Steht mir Rede und Antwort!«
»Wäret Ihr nur ein wenig früher gekommen, Ihr hättet die Tagelöhner alle am Turm gesehen. Die meisten von ihnen aber hatten keine Kraft mehr, sind sie doch seit zehn Stunden am Werk und müssen noch arbeiten, bis die Dunkelheit einbricht. Ist es da nicht besser ...«
»Ihr habt nicht unrecht, Nicol, zugegeben. Aber wollten wir immer darauf sehen, ob die Leute noch bei frischen Kräften sind – wo kämen wir hin? Für heute wollen wir's dabei lassen, daß sie die letzten beiden Stunden Steine abtragen. Morgen aber macht Euch gleich wieder an den Turm. Vergeßt es nicht! Seine Gnaden, der Kurfürst, wollen schleunigst den Neubau angefangen sehen!«
Nicol Hofmanns Stirn ist in scharfe Falten gezogen, als er dem Baumeister nachblickt.
Er ist Obermeister hier. Die Leute hören auf ihn. Gerade will sich einer der Tagelöhner an ihn wenden, vielleicht im Vorübergehen die Frage »Was war?« an ihn richten, da kommt Lotter noch einmal zurück.
»Etwas anderes noch, Nicol. Wißt Ihr keinen Röhrmeister, der imstande ist, die Wasserkunst an der Zschopau in Gang zu bringen?«

»Sind nicht schon Merten Baldauff und Görge Schuster damit beschäftigt?«
»Fragt nicht! Wißt Ihr einen?«
»Ich könnte Euch wohl einen nennen. Er ist aus Halle, wie ich. Georg Frentzel mit Namen. Tüchtig und verläßlich. Einen Kunststeiger wüßte ich dazu: Hans Ludwigk.«
»Gebt ihnen Nachricht, daß sie herkommen.«
Lotter geht – in Richtung Torhaus, dem einzigen Gebäude, das vorerst stehenbleibt und ihm als Wohnung dient. Schwer läßt er sich in den Stuhl vor seinem Arbeitstisch fallen und stützt das bärtige Haupt in die Hände: Die Arbeiter sind müde nach stundenlangem, hartem Tagwerk. Oh ja, er versteht sie schon. Aber darf er das zeigen? Darf er diesen eigenwilligen Nicol Hofmann merken lassen, daß ihn das Gewissen manche Nacht peinigt, wenn er selbst die Alten und vielleicht gar Kranken unter den Fronarbeitern zu schnellerer Arbeit antreibt, nur damit das Werk vorankommt?
Lotter schaut zum Fenster hinaus. Da steht die hundertfünfzigjährige Linde, in deren Schatten er an heißen Tagen schon manches Mal neue Kraft schöpfte.
Die Arbeiter schlingen mittags ihre Wassersuppe hinunter, ihren trockenen Brei oder was sie sonst haben mögen. Dann heißt es unerbittlich: Weiter!
Soll er sagen: »Ruht euch ein wenig aus in dieser sengenden Glut!«? Sechshundert Mann nur eine halbe Stunde, das sind dreihundert Stunden, in denen die Arbeit zurückbleibt. Was würden Seine Gnaden, der Kurfürst, dazu sagen, wenn er je davon hörte!?
Draußen schrillt die Glocke. Lotter schrickt zusammen. Er meint, ein stummes »Endlich!« durch die verschlossenen Türen zu hören. Über seinem Nachsinnen ist es Abend geworden – Feierabend, der die Leute in alle Winde zerstreut. Viele von ihnen kommen aus benachbarten Ortschaften, aus Schellenberg, Grünberg, Hohenfichte, Erdmannsdorf,

Hennersdorf und Plaue. Andere haben stundenlang zu laufen, ehe sie daheim sind: nach Börnichen, Großwaltersdorf und Kirchbach, ja bis ins Gebirge. Lotter kennt die meisten Dörfer nur dem Namen nach. Doch er weiß, daß die Leute erst bei Nacht daheim sein werden. Er weiß auch, daß sie auf ihrer Häuslerstelle noch Arbeit erwartet und daß sie sich morgen in aller Herrgottsfrühe wieder auf den Weg machen müssen.

»Wahrhaft ein Hundeleben«, denkt er. Oder hat er es sogar ausgesprochen? »Man sollte froh sein, daß man nicht als Leibeigener geboren wurde. Beide aber wird es immer geben – Freie und Knechte. Was soll also das Grübeln?«

Der Baumeister lenkt seine Gedanken gewaltsam auf andere Dinge: Der Brief an den Landesherrn will heute noch geschrieben sein.

Lotter spitzt die Feder.

Als er das Pergament bereitlegen will, fällt ihm ein beschriebenes Blatt in die Hände. Ist das nicht ...? Richtig, die Abschrift des Kontraktes mit diesem Niederländer, diesem Erhardt van der Meer.

Lotters Züge verfinstern sich, als er das Schreiben noch einmal liest. Er wendet das Blatt und vermerkt auf der Rückseite mit fester, eigenwilliger Hand einen Satz: »Kann man ihn brauchen, so wird er gefordert! Bedarf man seiner nicht, läßt man ihn daheim.«

Er wird dem Kurfürsten diesen Vertrag mitsenden.

4

Ende Januar.

Klirrender Frost. Seit November schon liegen Fluß und Bach starr. Eine hartkrustige Schneedecke hüllt das Land ein. Laubholzgeäst und Fichtenzweige tragen schwer daran.

Der Bauer hat ruhige Zeit. Nicht nur, daß auf dem Feld keine Arbeit ist. Auch vom Frondienst auf dem Schellenberg ist er jetzt frei.

Während die Ruine abgerissen wurde, mußte Baumaterial angefahren werden, so viel nur Platz hatte. Aber den Neubau zu beginnen, ließ das Wetter nicht mehr zu.

Diese Zeit könnte dem Bauern behagen, wäre sie nicht zugleich Notzeit. Kälte dringt durch Türen und Wände. Die schmale Kost will keinen recht erwärmen.

Sabina Utmann schürt das Feuer und legt frische Scheite auf. Es zischt und knistert. Dann geht sie, den Kessel mit Schnee zu füllen.

Als sie wieder hereinkommt, wickelt Brosius gerade Lappen um seine Füße. Danach setzt er die Mütze auf, zieht seinen Riemen fester um das Wams.

»Wohin gehst du, Vater?«

»In den Wald, Andreas.«

Der Junge schmiegt sich an ihn: »Ich gehe mit dir!«

»Sei froh, daß du daheim bleiben kannst. Es ist grimmig kalt, Bub! Ein andermal nehme ich dich mit.«

Traurig läßt Andreas den Kopf hängen.

Der Vater fährt leicht über den krausen blonden Haarschopf: »Morgen bringe ich dir dafür das Pfeileschnitzen bei, ja?!«

»Oh ja, Vater!« Heller Jubel, leuchtende Kinderaugen.

»Und nun geh, spiel mit den Mädchen. Spielt Pferd und Reiter!«

Bange Sorge überfällt Sabina. »Du willst dich wirklich hinauswagen, Brosius?«
Sie flüstert es, die Kinder brauchen es nicht zu hören. Flüsternd antwortet auch der Mann. »Es muß sein, Sabina.«
»Und wenn du den Häschern in die Hände fällst ...? Wie sollen wir die Strafe bezahlen? Die Gefahr ist jetzt doppelt groß, der Schnee verrät jede Spur.«
»Es ist aber auf anderes Wetter nicht zu hoffen. Ich habe schon viel zuviel Zeit verloren. Und ich muß hinaus. Von Jahr zu Jahr nimmt das Wild mehr überhand!«
»Du bist ganz gewiß, daß es keine Sünde ist?«
»Hast du Angst, Gott könnte uns strafen?«
Brosius holt tief Atem. Zweimal, dreimal. »Er ist gerecht, Weib! Er kann nicht wollen, daß wir zusehen, wenn die Sauen uns den Acker zerwühlen. Zusehen, wenn unsere ohnehin karge Ernte durch das Wild noch weniger wird.«
Und wie zu sich selbst fügt er noch hinzu: »Ich gehe ja nicht um des Wildbrets willen!«
»Freilich Brosius, doch – ich meine – es ist nicht unser, was du heimbringst ...«
»Du meinst, ich stehle dem Kurfürsten das Wild?«
»Ich weiß, es heißt, der Schöpfer hat es nicht nur für die Fürsten erschaffen, aber ...«
»Was, aber? Daß wir, die wir uns treu zu unserem Herrn Christus bekennen, nicht widerrechtlich fremdes Gut an uns bringen dürfen, das weiß ich wohl. Hier aber ist mein Gewissen ruhig, und du darfst es auch sein. Der Kurfürst verlangt den Zehnten in voller Höhe von uns – also muß ich auch weiter Fanggruben anlegen und Schlingen stellen. Gott sei's geklagt, bessere Waffen haben wir ja nicht.«
»Willst du nicht wenigstens bis zur Dämmerung warten?«
»Das wird zu spät. Ich will heute nach den beiden Gruben in den Buchen hinter Hetzdorf sehen. Ehe ich zurückkomme, wird es ohnehin Nacht. – Sei nur getrost, Sabina.«
»Ich vertraue auf den Herrn.«

Der Schnee weiß dem, der es zu deuten versteht, viel zu erzählen. Hier war ein Dachs, dort schnürte ein Fuchs, und dort zog vertraut ein Rudel Rottiere. Drüben, an der Lichtung, hatte sich eine Rotte Sauen eingeschoben. Dazu Spuren von Hasen und Kaninchen, kreuz und quer.
Ein kleiner, untersetzter Mann streift durch den Wald. Sein Jagdhund, ein dunkler Pudelpointer, den er neben sich führt, schaut immer wieder fragend zu ihm auf: »Wann endlich setzt du mich heute auf Fährte?«
Der Mann achtet nicht darauf. Er sieht die Fährten wohl, ihm gehen aber andere Dinge durch den Kopf.
Es ist auch zu ärgerlich! Der Zschopauer Jägermeister, dieser von Rüxleben, der ohnehin des Kurfürsten Freund ist, hat solches Glück: Fünf Wilddiebe hat er in kurzer Zeit gefaßt und auf dem Schellenberg abgeliefert. Jetzt im Winter! Und er, der Waldhüter Gröbel, erwischte noch nicht einen einzigen; und das, seit Vater August an diesen Leuten so viel gelegen ist!
Freilich, der weiß, was er will. Die zehn Groschen, die er für jeden aussetzt, machen sich tausendfach bezahlt. Dabei – um das Kopfgeld ist es Gröbel nicht einmal zu tun, nein. Aber auf diese Weise ist Gunst und Anerkennung des Landesherrn zu erlangen!
Wenn er viele fangen würde ...?! Er sieht den Kurfürsten schon vor sich:
Wir hörten, Er ist Uns ein treuer Untertan, Er hat Uns gute Dienste geleistet. Leute wie Ihn brauchen Wir. Ab heute ist Er kein Waldhüter mehr, ab heute ist Er ... Vielleicht gar Jägermeister?
Gröbel ist kein Junge mehr. Seine Eitelkeit hat mit den Jahren zugenommen. Jetzt schwelgt er im Vorgeschmack der erhofften Ehrung, gleich aber packt ihn erneut der Ärger, daß ihm bis zur Stunde jede Beute fehlt. Sein Blick verfinstert sich.
Plötzlich stutzt er: Das ist doch keine Tierfährte?!

Der Hund verhofft. Erwartungsvoll schlägt sein Stummelschwanz.
»Treff, hier! – Fassen!«
Über Gröbels Gesicht zieht ein teuflisches Grinsen.

Die Nacht vergeht, der neue Morgen bricht an. Sabina hat Stunde um Stunde gewartet. Umsonst.
Hilflos verzagt läßt sie nach der Morgenarbeit die Hände sinken. Aber nur eine kleine Zeit, dann besinnt sie sich und hebt sie auf zum Himmel.

5

Auf dem Schellenberg wird gearbeitet. Seit dem 21. Januar schon. Es hat sich schnell herumgesprochen.
Wie denn – wird mit dem Bau begonnen, jetzt in Schnee und Eis?
Nein, aber Wasser muß her! An der Südseite treibt man einen Brunnenschacht in den Porphyr. Hans Merten Planer, der Oberbergmeister aus Freiberg, hat diesen kühnen Plan entworfen. Nun darf kein Tag verlorengehen!
Die Männer im Schacht ballen ihre Fäuste um Hammer- oder Hackenstiel. Ungleichmäßig dröhnen die Schläge. Dazwischen das Poltern der großen und kleinen Gesteinsbrocken.
Zwei Meter tief haben sie schon gegraben, keiner kann den Kopf noch über den Rand recken.
Während der Arbeit sind die Männer zum Schweigen verurteilt. Der Lärm zerschlägt ihre Worte, vielleicht sogar ihre Gedanken, wie die Werkzeuge das Gestein zerschlagen.

Zur Mittagszeit aber beginnt ein Fluchen und Schimpfen. Jetzt ballen sie die leeren Fäuste.
Da hat der Kurfürst hundert und aber hundert Gulden drangewendet, um Wasser auf den Berg zu schaffen. Nichts war's! Und nun will er sparen – haha, sparen! –, doppelt und dreifach. Da will er keine Bergleute bezahlen, die sich in dieser Arbeit auskennen. Nur ein Steiger ist da. Sogar die zwölf Groschen in der Woche für einen Taglöhner sind ihm noch zuviel! Die Wilddiebe aus dem ganzen Land läßt er herschaffen. Freilich, die kosten nur ein wenig Suppe, weiter nichts. Wilddiebe! Wenn sie alle wirklich Wilddiebe wären, dann hätten sie schon Strafe verdient! Und Strafe ist nun einmal kein Moniglecken, gewiß! So aber ...? Brosius Utmann hat sie reihum gefragt: Es sind Bauern, die dem Wild zuleibe rückten wie er, weil sie keinen besseren Rat mehr wußten. Nur einer ist dabei, der ihm keine Antwort gab.
Die Häscher scheinen um Beute zu wetteifern. Vorgestern brachten sie einen Mann aus Lichtenwalde, gestern gar einen aus Pirna.
Brosius Utmann ist jetzt sieben Tage hier. Zum siebten Male schlürft er heute die gleiche dünne Suppe von seinem hölzernen Löffel. Nur etwas Warmes jetzt!
Trotz rastloser Arbeit sind die Glieder starr und steif. Kein Mensch kann sich in dem engen Schacht bewegen.
Brosius spürt seine Füße nicht mehr. Er wickelt sie fester in die Lumpen. Dann geht er auf und ab und hin und her – wie die anderen.
Aber nicht zu weit! Heda!
Der Steiger muß ängstlich darüber wachen. Er wird bestraft, wenn es immer weniger werden.
Brosius überlegt, was wohl schlimmer ist: Vom ersten Morgengrauen bis zum Dunkelwerden und danach noch beim Schein der Grubenlaterne zu schuften – oder das Ende der langen, endlos langen, bitterkalten Nacht in den Bollwerken abzuwarten.

Die Bollwerke sind Holzverschläge um den blanken Erdboden, aus Hundeställen gebaut. Verriegelt und verrammelt. Natürlich, sie sind ja Gefangene. Und eng ist es. Man kann sich in diesen Käfigen ebensowenig bewegen wie im Schacht. Liegen? Sitzen? Bei dieser Kälte?
Also stehen, an die Bretter gelehnt, oder von einem Bein auf das andere treten, damit man nicht abstirbt.
Und das ersehnte Morgengrauen heißt: schuften – für Wassersuppe.
Das also ist jetzt der Tag. Wie ist nur alles gekommen? Ist es wirklich erst sieben Tage her, daß er den Keiler erschlug?
Einen zweijährigen, braunschwarzen Keiler mit ungewöhnlich starken Hauern hatte er in der einen Grube angetroffen. Während er das erlegte Tier noch betrachtete, hörte er hinter sich ein Keuchen. Der Hund fletschte die Zähne. Brosius durfte sich nicht rühren.
Und dann ist Gröbel gekommen. Dieser Speichellecker!
»Mit dir mitgehen ...?« Brosius widersetzte sich. Er wäre dem anderen an Körperkräften überlegen gewesen, ohne Zweifel. Aber der Hund!
Sollte er sein Leben aufs Spiel setzen? Er dachte an Sabina, an die Kinder ...
»Ob sie wissen oder ahnen, wo ich bin?« fragt er sich wieder und wieder. Sein Andreas, wie wird er gewartet haben! Vielleicht hatte er schon das Messer zurechtgelegt zum Pfeileschnitzen ...
Nur gut, daß Sabina tapfer und tüchtig ist und – daß sie beten kann.
Wie tröstlich ist Brosius in diesen Tagen das Wissen um solches Verbundensein. Es macht ihn still. Nicht, daß er etwa »Ja« sagt zu der Willkür, die man hier übt. Aber geflucht hat Brosius Utmann noch nicht.
Das mag den anderen über ihrem Zorn und ihren Sorgen bisher entgangen sein. Einem aber, dem langen Caspar, ist es heute mittag aufgefallen.

»Dir gefällt es wohl hier?« höhnt er, als sie abends in die Bollwerke gesperrt werden.
»Änderst du mit Fluchen etwas?« fragt Brosius zurück.
»Natürlich nicht! Aber bei dieser Kälte jagt man keinen Hund zum Hause hinaus. Und wir ...«
»Du hast recht! Hunde sind besser dran als wir. Ich habe schon manches Mal auch an meinen Schwarzen, an den Ochsen, gedacht. Wie gut hat der's! Der hat sein Lager ...«
»Bei alledem kannst du so ruhig bleiben?«
»Ich vertraue auf Gott, auch wenn ich seine Wege nicht verstehe. So haben es mein Vater und meine Mutter gehalten. So werde ich's auch meine Kinder wieder lehren, wenn ...« Er stockt.
»Sprich es nur aus, Bauer!« Der lange Caspar lacht grimmig. »Sprich es nur aus: ... wenn du überhaupt noch einmal heimkommst.«
»Keiner weiß Zeit und Stunde, wann's mit ihm zu Ende geht.«
»Gewiß. Aber daß du hier dem Tod ganz besonders nahe bist, hast du wohl auch schon empfunden.« Und nach einer Pause fügt er noch hinzu: »Wer also wird deine Kinder das Gottvertrauen lehren, wenn du sie nicht wiedersiehst?«
»Ihre Mutter!«
Brosius sagt es fest und bestimmt und wird froh über seine zuversichtlichen Worte.
Er kann Caspars Gesicht nicht sehen, aber er fühlt, daß der schweigende Mann nachdenklich geworden ist.

Wochen vergehen. Wochen stumpfer Gleichförmigkeit: Arbeiten – qualvolle Nächte – arbeiten ...
Es ist inzwischen milder geworden. Manchen Tag leckt die Sonne am Schnee. Aber ihre Bahn ist noch zu flach, so daß kein Strahl die ausgemergelten Gestalten streift, die den Brunnen graben. Die sehen nur, wenn das Gestein am Rande des Schachtes hell wird.

Das weckt schon ein zages Hoffen. Ist der Winter vorbei? Oh, nein! Er wird heute zeigen, daß seine Macht noch nicht gebrochen ist! Seit dem frühen Morgen schon hängt der schwergraue Himmel tief herab, und es mag zwei Stunden vor Mittag sein, als das Wetter losbraust. Der Sturm heult, fegt über die Schneekrusten, zerrt die Wipfel der Fichten und treibt Eiskörner und Schneeschwaden vor sich her, daß kein Mensch die Hand vor Augen sehen kann. Auch im Brunnenschacht heult und wirbelt dieser Hexentanz. Die Männer müssen ihre Werkzeuge beiseite legen.
»Wie das Jüngste Gericht«, sagt einer.
Und ein anderer: »Sie wollten heute den Grundstein für das Schloß legen!«
»Raus!« schreit da einer von oben. »Kommt raus!!«
Es ist der Steiger. Er läßt die Leiter hinunter.
Sie steigen aus dem Schacht. Der lange Caspar als erster, nach ihm Brosius Utmann. Der gibt Caspar einen bedeutsamen Wink: »Jetzt!«
Wenn sie jetzt in das Schneetreiben hineinrennen, wird sie nach zwanzig, dreißig Schritten niemand mehr sehen. Brosius' Hof ist ja nicht weit von hier. Den Weg findet er auch mit verbundenen Augen. Caspar müßte vorerst mit zu ihm kommen. Es wird sie in Metzdorf kein Mensch suchen, hat man doch hier nicht nach Namen und Herkunft gefragt. Wenn sie nur unermüdlich Gestein brachen, das war genug. Sekunden verstreichen, reihen sich zu unwiederbringlichen Minuten.
»Caspar!«
Der steht wie angewurzelt. Hat er Brosius nicht verstanden? Da ist es schon zu spät ... Die Käfigtür wird krachend hinter ihnen zugeschlagen.
Beide Männer waren wortkarg seit damals, seit jenem Gespräch. Schwerwiegendes zu sagen, mied Caspar. Aber er fluchte auch nicht mehr. Vielleicht bereute er, daß er sich anfangs so gehenließ.

Jetzt stützt Brosius Caspar. Sieht es nicht aus, als wolle der zusammensinken? Aber nein, er steht wieder fest und aufrecht. Nur seine Augen! Sie erinnern Brosius an das Reh, das er im Herbst in der Schlinge fand.
»Ich bin schuld, daß du noch hier bist«, stößt Caspar hervor, »und doch konnte ich nicht. Ich konnte nicht gehen. Alles kam so unverhofft. Der Gedanke an die Freiheit lähmte mich, statt mich vorwärts zu treiben. So ist es mir schon als Kind im Traum ergangen: Ich wollte fort, mußte laufen um mein Leben, und meine Füße bewegten sich nicht vom Fleck. – Oh, Brosius, warum bist du nicht allein gegangen?«
»Allein, Caspar? Wo dich das Sehnen täglich mehr verzehrt?«
»Verzeih mir meine Schwäche«, stöhnt der.
»Da ist nichts zu verzeihen.«
»Ich weiß, du rechnest in allen Dingen mit Gott. Ich habe jene Nacht nicht vergessen. Und doch scheint es mir so unendlich schwer, das blinde Vertrauen. Wird uns die Freiheit jemals wieder so nahe kommen wie heute?«
Draußen tobt das Unwetter. Man schreibt den 25. Februar 1568.

6

»Endlich treffe ich Euch einmal allein an, Joachim Eyßvogel. Ich hätte ein Anliegen an Euch. Habt Ihr Zeit?«
»Zeit? – Wenig! Wo zweitausend Hände schaffen, will viel bedacht und geschrieben sein, das wißt Ihr als Baumeister am besten, Erhardt van der Meer. Da bleibt für den Bauschreiber kaum einmal eine freie Minute.«

»Sind es wirklich tausend Leute, oder nennt man nur die runde Zahl?«
»In der Tat, es sind sogar noch ein paar mehr. Wenn Ihr's nicht glauben wollt: Hier – schwarz auf weiß könnt Ihr es sehen: 232 Maurer, 120 Helfer, 84 Kalkjungen, 30 Kalkstößer, 63 Kalkführer, 52 Kalksetzer, 232 Handarbeiter, 10 Rüstmeister ... Aber lest nur selbst!«
Der Niederländer betrachtet flüchtig das Pergament, dann legt er es wieder beiseite. »Die Kalkwerke – wie heißen sie doch? Die Namen sind mir entfallen.«
»Ihr meint die Plauer Gruben und Lengefeld.«
»Ja, richtig!« Der junge Baumeister tut nachdenklich.
Eyßvogel wird ungeduldig. »Sagtet Ihr nicht, Ihr hättet ein Anliegen?«
Erhardt antwortet nicht gleich. Er zieht bedächtig eine Rolle Pergamente aus seinem Wams und breitet sie vor dem Bauschreiber aus. »Wollt Ihr mir ein paar Worte schreiben? Hier: Tor, hier: Küchenhaus, hier: Kirche ... Und ein Brieflein dazu. Es ist – Ihr habt deutlichere Züge.«
»Vergaß Lotter, die Pläne zu beschriften?«
Van der Meer lächelt. »Unter jeden könnt Ihr setzen: Erhardt van der Meer.«

Kurfürst August steht am weitgeöffneten Fenster, den Blick auf den breiten Elbstrom gerichtet. Schäumend eilen die Fluten stromab. Vor ein paar Tagen noch trieben große Eisschollen hier vorbei. Federleichte Wolken schweben unter dem glänzendblauen Himmel. Die Sonne spielt mit der blendendweißen Halskrause des Fürsten, der halblaut vor sich hinspricht.
»Anfang April – das Frühjahr ist da. Und noch immer keine Botschaft, daß man mit dem Bauen begonnen hat! Da soll doch der Teufel ...! Wieviel Kalk, Holz, Steine auf dem Bauplatz lagern, kann ich fast singen. Auch daß ein Unwetter nicht zuließ, im Februar den Grundstein zu legen. Was

ist mir das nütze? Das Werk muß vorangehen! Ein Jahr – und das schönste aller Schlösser muß trotzig über die Lande schauen. Acht Stunden weit in alle Winde. Wird manchen meiner Neider erblassen machen, haha!
Wie ein Jahr wird sich das Bauwerk runden. Vier Türme – die Jahreszeiten; zwölf Säle – zwölf Monate. Zweiundfünfzig Schornsteine werden sich aus den Dächern erheben, dreihundertfünfundsechzig Fenster in die Runde blicken. Kein alltäglicher Gedanke, so mein Jagdschloß auszustatten, alter Hieronymus! Dazu die Galerie rings um das Dach als auserlesene Zierde ...«
Es klopft. Hans von Jenitz, des Kurfürsten Kammersekretarius, tritt ein, verbeugt sich. »Ein Bote brachte diesen Brief vom Schellenberg, Euer Gnaden. Kurz darauf ist noch ein zweiter mit einem Schreiben ohne Siegel gekommen ...«
»Zeigt her! Ihr macht mich ungeduldig! Öffnet erst den von Lotters Hand! Und lest!«
»... Noch will sich der Winter nicht ganz geschlagen geben. Es hat in der Nacht wieder sehr gefroren. Ungeachtet dessen habe ich aber heute mittag, ein wenig vor zwölf Uhr, im Namen des Allmächtigen, den Grundstein zu Euer Gnaden Jagdschloß gelegt.
Ich habe diesen Tag aus guten Gründen gewählt. Nach Meinung einiger Gelehrter der Astrologie ist der Dienstag, der 30. März, geradezu ein Glückstag zum Beginn eines neuen Gebäudes.
Etliche gutherzige Personen, die gewiß den Bau treulich werden fördern helfen, waren zugegen. Ich ließ es nicht daran fehlen, Gott zu bitten, daß dieser Bau zu seinem Lob, Ehre, Frieden und allem guten Anfang möge erbaut werden. Über tausend Arbeiter sind am Werk, so darf man auf gutes Fortschreiten hoffen.
Darf ich Euer Kurfürstliche Gnaden untertänigst bitten, sobald das Wetter eine angenehme Reise zuläßt, sich einmal nach dem Bauplatz zu begeben ...«

Der Kurfürst atmet auf. »Endlich, Jenitz! Endlich! Oh, sie wird ihresgleichen nicht finden – Augusts Burg! Zu neuem Ruhm wird sie Uns gereichen!«
Und nach kurzem Besinnen: »Der liebe getreue Hieronymus drängt lange genug schon wegen seiner Bestätigung als Baumeister. Heute soll er sie haben. Holt Eure Feder, Jenitz. Datiert mit dem dritten Januar, als läge das Schreiben seitdem fertig da. Und nun:
›Wir, Kurfürst August von Sachsen, haben beschlossen, daß du allein den Bau in deinem Befehl und Verantwortung haben sollst ...‹
Gebt dem Boten das Schriftstück mit, wenn er heimreitet.«
Der Kurfürst will Lotters Schreiben gerade noch einmal zur Hand nehmen, da sieht er daneben den anderen Brief. »Fast hätte ich ihn vergessen. Jenitz, öffnet sogleich! Vielleicht schreibt Planer, wie der Brunnenbau vorangeht. Lotter erwähnt kein Wort davon, kein Wort!«
»Planer? Der Brief ist anders unterzeichnet: Erhardt van der Meer.«
»Van der Meer ..., van der Meer ...?«
»Wenn ich es recht weiß, der Baumann Graf Günthers von der Schwarzburg, Euer Gnaden.«
»Richtig! Was will der?«
»Er sendet Zeichnungen. Küchenhaus, Tor, Kirche ...«
»Zeigt her, zeigt her!«
August blättert in den sauberen Pergamenten, liest diese und jene Zeichnung, wägt lange. »Der Mann, scheint's«, sagt er schließlich, »ist nicht nur der gute Kaminbauer, als den man ihn mir gepriesen, Jenitz. Seht hier, dieses Tor ... Und das Gotteshaus: ionische Säulen an den inneren Wänden. Auf ihnen ruhen Schwibbögen. Sie tragen die Emporen. Die Decke – ein Tonnengewölbe. Dem Eingang schräg gegenüber die Kanzel und nach Süden der Altar. – Habt Ihr die Bestätigung an Lotter schon abgeschlossen? Nein?«
Oho! Jenitz spitzt die Ohren.

»Fügt also hinzu: ... Wir bitten aber, dich mit dem jungen van der Meer ins Einvernehmen zu setzen, da er ganz besonderes Wissen über den Gewölbebau haben soll, und ... nein, kein ›Und‹. Das sagen Wir ihm selbst, sobald Wir den Bau besichtigen.«

7

In den Niederungen ist längst der Frühling eingezogen, wenn sich im bergigen Land der Winter noch zäh festhält. Und doch kann er auch hier das Aufblühen des jungen Jahres nicht hindern. Das Leben siegt.
Den immer Besorgten war es im Winter gewiß: Baum und Strauch werden in dieser argen Kälte erfrieren, absterben. Jetzt glätten sich ihre Mienen. Maiwuchs schmückt die schlanken Fichten, und die Buchenblätter sprengen ihre Knospenhüllen. Ein frohes Grün färbt die Wiesen. Das Feld ruft nach dem Bauern.
Es ist früher Morgen, als sich der Häusler Matthes aus Metzdorf wieder nach dem Schellenberg aufmacht. Unter der Tür schaut er noch einmal zurück. »Gehe bald, Rose«, mahnt er seine Tochter, »bringe Sabina die Botschaft. Sage auch, daß ich am Sonntag hinüber ackern komme.«
»Ja, Vater!«
»Ein Jammer«, murmelt Matthes im Gehen, »die Frau jetzt allein mit den Kindern. Helfen muß man ihr. Nur wann, wann? Es bleibt wahrhaftig nur der Sonntag ...«
Rose beeilt sich mit der Morgenarbeit. Sie kann es kaum erwarten, Sabina zu sehen. Was wird die wohl sagen?

Als sie über die Höhe zu dem einsamen Gehöft geht, spielt der Wind mit ihren strohblonden Zöpfen und streicht über ihre Pfirsichwangen. Kräftig hebt und senkt sich ihre Brust. Es ist, als gehöre das Mädchen hinein in diesen Morgen, an dem alles frisch und jung, schön und begehrenswert ist.
Vom Waldrand aus sieht Rose das Haus Brosius Utmanns. Dort drüben geht auch der Ochse auf dem Feld. Ein Junge führt ihn. Es mag Andreas sein. Und dahinter ...? Rose bleibt stehen. »Das ist doch – Sabina?«
Die schmächtige Frau hat den hölzernen Pflug fest in beiden Händen. Breit liegt schon das frische Braun des Ackers. Am Rain wartet nur noch ein schmaler winterharter Streifen. Und fast drei Viertel vom Umgebrochenen liegen schon saatbereit. Noch ehe Rose am Feld ist, nimmt Andreas auch das letzte Stück unter die Egge. Sabina geht zum anderen Rain. Sie legt sich ein großes Tuch um, knüpft zwei Zipfel auf der Schulter zusammen. Aus einem Holztrog rafft sie Körner ein und schreitet dann über das offene Land. Ihr rechter Arm bewegt sich in stetem Rhythmus: greifen – streuen – greifen – streuen ... So vertraut sie das Korn der Erde an. Ihre Gedanken schweifen weit über Rain und Wald hinaus.
»Du säst, als hättest du's jahrein, jahraus schon getan!«
Sabina hat das Mädchen nicht kommen sehen. »Rose, du?« Sie streckt ihr freudig die Hand entgegen.
»Ja, Sabina. Ich komme mit einer guten Botschaft. Brosius lebt!«
»Rose!«
»Vater hat ihn gesehen. Er ist auf dem Schellenberg. Muß Gestein brechen. Sie graben dort einen Brunnen in den Fels ...«
Schwankt Sabina? Nur einen Herzschlag lang. Dann fragt sie, ob Rose noch mehr weiß.
»Vater hat ihn nur gesehen. Mit ihm reden konnte er nicht. Aber daß es Brosius war, ist gewiß. Es heißt, die den Brun-

nen graben, seien Wi..., seien Leute aus dem ganzen Land.«
»Wie lange wird man ihn dort gefangenhalten?«
»Vater meint, eh' der Brunnen fertig ist, kommt wohl kaum einer weg. Sie werden streng bewacht.«
»Und wie geht es voran mit der Arbeit?«
»Vater sagt: langsam.«
Über Sabinas helle Augen gleitet ein Schatten. »So werde ich noch lange hoffen müssen und warten. Aber ich darf nicht murren, Rose. ›Herrgott, wenn er nur lebt‹, habe ich immer gebetet, ›wenn er nur lebt ...‹ «
Tränen wollen sich hervordrängen.
»Der Vater will dir ackern helfen«, sagt das Mädchen rasch.
»Ja? Dein Vater meint es gut mit mir, Rose, ich weiß. Sag ihm meinen Dank. Aber geht er in der Frühe, ist es noch nicht hell, und wenn er abends heimkommt, ist es längst dunkel. Wann kann er da noch ackern?«
»Er meinte, am Sonntag!«
»Und euer Stück Land? Sag dem Vater, daß ich bald fertig bin mit der Aussaat. Dann mag er sich für ein, zwei Tage den Schwarzen holen, damit er den Pflug nicht selbst ziehen muß. Und wenn er dem Brosius einmal doch ein Wort zurufen kann, dann – daß er sich nicht sorgen soll ...«
Sabina hat neue Kraft bekommen. Ihr Schritt ist fester, ihr Arm holt weiter aus. Sie wird säen, bis die Schatten gespenstisch lang werden und schließlich ganz verschwinden.
Als die Sonne im Mittag steht, geht sie Haus und Vieh versorgen. Andreas will helfen, wie überall. Er wirft dem Ochsen und den Kühen Futter vor.
»Nicht so viel, Junge! Heu und Stroh gebe ich selbst!«
»Der Schwarze ist gewiß sehr hungrig, Mutter.«
»Noch eine Handvoll, mehr aber nicht!«
Sabina will ihre Sorgen vor den Kindern verbergen. Will ... Andreas sieht sie wissend an. Allzu wissend für ein Kind von kaum sieben Jahren. Niemand hat es ausgesprochen, und

doch weiß er es: Der Futtervorrat schrumpft und schrumpft, und es dauert noch lange Zeit, bis man Grünfutter mähen kann. Noch ehe die eine Kuh ausgemolken ist, brüllt der Ochse wieder. Andreas streichelt ihn: »Ich kann dir jetzt nichts mehr geben, Schwarzer. Weißt du, wenn die Schecke ihr Kälbchen hat, brauchen wir auch Stroh.«

»Wäre nur das Kalb erst da«, denkt Sabina.

Dann hat sie wieder mehr Milch für die Kinder. Die Suppe ist mager, die sie ihnen jetzt kochen kann. Aber Andreas und die beiden Kleinen sind noch jeden Tag satt geworden, wenn auch für die Mutter oft nur wenig übrigblieb.

Als Sabina sich anschickt, wieder aufs Feld zu gehen, will der Junge vorausspringen.

»Bleib hier!« ruft die Mutter. »Spiele mit den Mädchen!«

Andreas schiebt die Unterlippe vor.

»Sie freuen sich, wenn sie nicht den ganzen Tag allein sein müssen.«

»Hm! Aber morgen ackern wir wieder! Vater soll sich freuen, wenn er heimkommt. Ob er morgen kommt?« Der Junge richtet seine fragenden Augen auf die Mutter.

Oft ist sie diesem Blick ausgewichen. Heute begegnet sie ihm. »Ob er morgen kommt oder übermorgen, das wissen wir nicht, Andreas. Aber wir wissen, daß es der Heiland sieht, wenn wir unsere Hände falten. Das ist genug.«

8

Wie ein Feuer über herbstdürres Gras läuft es durch die Reihen der Bauleute.
»Hast du schon gehört?«
»Was?«
»Morgen kommt er!«
»Wer?«
»Der Kurfürst!«
Auch Merten Ranisch, der junge Helferknecht, weiß es schon. Ilgen Thurmer hat es ihm erzählt. Der wieder hatte es von einem Fuhrmann.
Es wird anderes Wetter kommen, sagen ihre Mienen. Gutes? Schlechtes? – Ja, wer das wüßte!
Aus dem Berg wachsen wuchtige Mauern. Merten schleppt den Handwerkern große Quadersteine herbei. Keuchend, schwitzend. Wortlos hat er einen auf den Boden schlagen lassen. Noch einen und noch einen. Länger aber kann er's nicht für sich behalten: »Maurer«, raunt er geheimnisvoll, »morgen kommt der Kurfürst!«
Ungläubige, aber auch gleichgültige Gesichter.
»Bleibst ein Narr, Merten«, brummelt einer.
Nicol Hofmann ist auch dabei. »Morgen?« fragt er gelassen. »Der ist schon da, Leute!«
Staunend offene Münder.
»Habt Ihr ihn schon gesehen, Obermeister?« stammelt Merten.
Wolff Zimmermann lacht. »Ist das zum Sprache-Verlieren? Ich bin den Wagen gestern abend auf dem Heimweg begegnet«, sagt er, ohne dabei das Mauern zu unterbrechen.
»Ob ich ihn auch zu sehen kriege? Oh, ich möchte so gerne ... Ganz nahe! Und ob er wohl ...?«
Warum blitzt ihn der Obermeister an?
»Los!« zischt auch Wolff Zimmermann.

Merten begreift nicht. »Was ist in die gefahren? Als der Lotter gestern antrieb: ›Los, los!‹, hat der Wolff gesagt: ›Wir sind doch keine Hunde!‹ Und nun? – Wie eifrig sie alle sind!« Denken kostet Zeit, und man kann dabei nicht arbeiten. So wenigstens ist's bei Merten. Weil er aber keine Erklärung findet, schüttelt er seinen Zauskopf und will sich gerade wieder ...

»Faules Gewürm, das! Was steht Er da stundenlang herum, Bursche?! Rege Er gefälligst Seine Knochen! Bezahlen Wir Ihn etwa, damit Er sich die Wolken besehe? He, hoppla! – Einen Groschen weniger Lohn, Lotter. Sag das dem Meister!«

»Ihr habt's gehört, Nicol Hofmann!«

Der dreht sich nicht um. Keiner der Leute wagt ein Wort. Die Schritte des Bauherrn und seines Baumeisters verhallen.

»Nun also hast du ihn gesehen, Merten!« Wolff Zimmermann sagt es bitter.

»Nicht wahr, du hattest dir das anders gedacht? Begrüßung und so«, fügt Nicol Hofmann hinzu. »Und nun – wie ein Dieb und ein Donner.«

Merten schießt das Wasser in die Augen. »Wo ich ohnehin nur acht Groschen die Woche verdiene ...«

»Tja, einen Fürsten sehen ist nicht umsonst«, höhnt einer.

»Ich habe ihn gar nicht ansehen können«, schluchzt Merten.

»Er wird sich schon wieder einmal sehen lassen«, spöttelt ein Handlanger. »Er muß doch nachschauen, ob wir unsere Groschen auch sauer genug verdienen. Wenn du's inzwischen aber wissen willst: Er trug schwarzseidene Hosen, ein plustriges veilchenblaues Wams, auf einer schneeweißen Krause saß sein Kopf, die Schuhe hatten goldene Schnallen und ...«

»Hör auf, hör auf! Oh, wie wird der Vater schelten, wenn ich noch einen Groschen weniger heimbringe!«

»Was red'st du da für dummes Zeug«, schilt Nicol Hofmann. »Heul nicht!«

»Er hat doch gesagt, daß ich ...«

»Halt's Maul, Junge«, wird der Meister ärgerlich. »Wer weiß, was du da gehört hast. Bring Steine her, sonst setzt es heute noch ein Donnerwetter!«

»Wenn Wir das nächste Mal kommen, wollen Wir Fortschritte sehn, Hieronymus. Denke immer daran!«
Der Baumeister kann nur mühsam seine Enttäuschung verbergen. »Sind nicht die Grundmauern nach Westen schon ein beträchtliches Stück heraus, Euer Gnaden?«
»Freilich, mein lieber Lotter, freilich, ja! Dennoch sage ich's wieder und wieder: sputen, sputen! – Wohin, Fuhrmann?« wendet er sich plötzlich einem Vorüberfahrenden zu, ohne dessen untertänigen Gruß zu beachten.
»Nach Lengefeld um Kalk.« Der Alte flüstert es und verbeugt sich dabei, so gut es sein krummer Rücken zuläßt.
»Sorge Er, daß der Ochse ein wenig trabt. Mehr Futter kann das Gerippe auch vertragen!«
Der Fuhrmann steht unschlüssig neben seinem Karren.
»Hurtig! Troll Er sich!« herrscht August ihn an. Und dann, zu Lotter gewandt: »Greise läßt du auch hier werken? Sie stecken ihr Geld halb umsonst ein, hast du das bedacht?«
»Greise? Erlauben mir Euer Kurfürstliche Gnaden untertänigst zu bemerken: Den Mann kenne ich zufällig. Er ist kaum an die Fünfzig heran.«
»Soso.«
Sie gehen weiter. Unruhig schweift Augusts Blick bald hierhin, bald dorthin.
»Was ist das? Eine herrenlose Maurerkelle? Gehört sie Ihm? Oder Ihm? Nein? Wie …? Notdurft verrichten? Haha, wer soll das glauben?! Mir scheint, mein lieber Hieronymus, du hast mir nicht gerade die Tüchtigsten zu diesem Werk gewonnen?«
»Ich muß zugeben, Euer Gnaden haben nicht unrecht. Anfangs war es kein Kinderspiel, geeignete Leute zu beschaffen. Viele Handwerker haben ihre gute Beschäftigung, die ließen sich nicht dingen.«

»Schwierigkeiten? Und davon hast du Uns nicht geschrieben? Dem ist doch abzuhelfen! *Wir* sind der Herr im Lande, für Uns werden die Besten arbeiten. Das wäre gelacht! Erinnere Uns heute abend daran ...«

Als der Kurfürst und Lotter über die steinerne Brücke gehen, bleibt ihr Blick an der alten Linde haften. Lotter sucht schon lange nach einer Gelegenheit, seinen Herrn zu erheitern. Er ist bedrückt, ihn ärgerlich zu sehen. Soll der ersehnte und erbetene Besuch etwa in dieser Mißstimmung enden?

»Die Linde hat eigens für Euer Gnaden ihren Sonntagsstaat angelegt«, nutzt er den Augenblick. »Wenn auch Pfingsten vorüber ist, so haben wir doch noch immer Wonnemond. Und hier grünt ja alles später als in der Ebene.«

Der Alte hat sich nicht getäuscht. Augusts Blick hellt sich auf.

»Eigens für Uns«, wiederholt er geschmeichelt. Und als hätte er im Handumdrehen vergessen, was ihm mißfiel, wendet er sich dem Bauplatz zu.

»Jetzt sehe ich das Schloß vor mir, Hieronymus. Hoch und fest, groß und schön: Augusts Burg! Wie werden sie alle gaffen, die hierherkommen. Der weite Rundblick auch – sieh, wie klar heute das Elbgebirge zu erkennen ist. Und dort im Westen das bergige Vogtland.«

»Um die Runde zu schließen, Euer Gnaden: hier im Süden der Fichtelberg, der Keilberg, Böhmen ... Wenden wir uns nach Norden, erhebt sich dort der Collmberg. Ein Wächter, dieser Schellenberg!«

»Zur ersten Jagd hier oben bist du mein Gast, alter Lotter. Das verspreche ich dir. Daß es doch recht bald soweit wäre!«

»Ich will's an Fleiß und Umsicht nicht fehlen lassen, Euer Gnaden. Was in meinen Kräften steht ...«

»Ich weiß, ich weiß.«

»Zwei neue Steinbrüche habe ich an der Flöha erschlossen. Auch Bausand lasse ich jetzt aus dem Fluß gewinnen.«

»Das sehe ich mir morgen an.« August klopft seinem Baumeister auf die Schulter.

Hans Merten Planer winkt dem Bornsteiger.
»Ihr wollt mit mir reden, Lazarus Windisch?«
»Ja, Bergmeister. Es ist, weil ... Ich will die Gelegenheit beim Schopfe packen und zusehen, daß ich mich meines erbärmlichen Postens entledigen kann. Ich will nicht mehr, Planer! Werden sie nicht schlechter gehalten als Vieh? Und was haben sie schon getan?! Außerdem – wann hat es das schon gegeben? Ein Steiger zugleich Gefangenenwärter? Verantwortlich mit seinem Kopf! Hätte ich nicht Weib und Kind, Bergmeister, wahrhaft ich wollt's wagen! Da wär' keiner mehr hier. Er mag sie freilassen. Wird die paar Groschen für Taglöhner wohl noch aufbringen ...«
»Ach, Lazarus!« Planer atmet schwer. »Ich will's Euch sagen: Heute früh hat er mich gefragt, wie's mit dem Brunnen vorangeht. Zeit wär's, daß er bald Wasser gibt, hat er gemeint. ›Mit ungelernten Leuten ist kein Vorwärtskommen, Euer Gnaden‹, habe ich zur Antwort gegeben. ›Bergleute müssen her!‹ – Was ich für Bescheid erhielt? Ich mag Euch den Mut nicht nehmen, Steiger. Tut, wozu es Euch drängt. Nur – Ihr seid erregt. Laßt Euch nicht hinreißen!«
Am Abend begegnen sich die beiden Männer wieder.
»Nun, Lazarus?«
Der Bornsteiger winkt müde ab.
»Seht Ihr, ich ahnte es. So müßt Ihr also weiter ...?«
»Das nicht, Merten Planer. Nicht lange mehr, dann bin ich wieder nur Steiger.«
»So freut Euch doch! War das nicht Euer Wunsch?«
»Ich kann mich freuen, Gottlob! Aber ...«
»Gib's da ein Aber?«
»Oh ja. Jedoch – es wäre wohl auch ohne mein Zutun so gekommen. Steckenknechte kommen her, die werden auch mein verruchtes Amt mit versehen.«

Feierabend. Nicol Hofmann schlendert durch den Wald an der Südseite des Berges. Ihn beschäftigt allerlei, mit dem er nicht fertigwerden kann. Er ist kein Einzelgänger, gewiß nicht. Heute aber muß er für eine Stunde allein sein.

Ist es ein Wunder, daß er da ein saures Gesicht macht, als plötzlich der junge van der Meer neben ihm geht? Wie ein Pilz nach einem warmen Regen ist er aufgetaucht. »Nicol Hofmann«, bestürmt er den Meister, »Ihr habt heute gerade unter der Brücke zu tun gehabt, als Lotter oben mit dem Bauherrn sprach. Ich habe Euch gesehen. Wollt ihr mir sagen, was Ihr erlauscht habt? Sie zeigten in die Höhe, als wollten sie etwas umreißen.«

»Wollt Ihr mich beschuldigen, ich hätte gelauscht?«

Nicols Augen rollen gefährlich. Sein Kopf ist leicht vorgebeugt, er wartet gespannt auf die Antwort.

Der Niederländer hebt abwehrend die Hände. »Hofmann – oh! Wo denkt Ihr hin! Beschuldigen?? Nun und nimmermehr! Ich weiß, Ihr hattet dort zu tun ...«

Nicol Hofmann überlegt sekundenlang. »Damit Ihr nicht denkt, es sei etwas Besonderes, wovon sie sprachen, will ich's Euch erzählen. Sie stritten darüber, wie das Dach gedeckt werden soll. Der Kurfürst will Schiefer. Er meint, diese Art hat sich in hiesiger Gegend bewährt. Lotter dagegen will etwas Auserlesenes, das die Schönheit des Baues unterstreicht: gebrannte Ziegel, glasierte. Grau und blau. Gemustert soll das Dach werden. Dann wünscht der Kurfürst die Fenster kleiner als geplant. Wegen Wind und Wetter, wie er sagte. Das war alles. Nichts Besonders also, wie Ihr seht. Er scheint sich um jede Kleinigkeit zu kümmern. Nun, mag er. Noch eins habe ich verstanden: ›Wenn es auch ein schönes Stück Geld kostet, das Schloß‹, sagte der Kurfürst, ›so gibt man den Leuten doch auch Gelegenheit, ein schönes Stück Geld zu verdienen.‹ Ein schönes Stück Geld ...« Nicol Hofmann lacht hart auf.

Erhardt van der Meer hat dem Meister jedes Wort vom Mund abgenommen. »Kleinere Fenster also – und das Dach«, murmelt er. Dann wendet er sich wieder lebhaft an Nicol. »Vertrauen gegen Vertrauen, Meister. Wenn wir künftig den Bauherrn öfter und länger auf den Fersen haben, danken wir das einzig und allein dem Lotter. Ich habe es selbst gehört, wie er sagte, sein Haus werde etwa im Juli fertig. Es wird vier Zimmer, im kleinen Haus gegenüber noch zwei Zimmer haben. Er hat Seine Gnaden eingeladen, dann stets während Ihres Aufenthaltes dort zu wohnen. Auch die Kurfürstin mag er schon eingeladen haben. Sie ließ danken und Grüße übermitteln, wie ich vernommen habe. Aber wie sehr er sich auch anbiederte, die Kirche wird man doch bauen, wie Erhardt van der Meer sie entworfen hat!«
»Das Gotteshaus nach *Eurem* Vorschlag? Gerade das? – Oh, irrt Euch nicht!«

In Joachim Eyßvogels Bauhütte stürmt ein Bote: »Bauschreiber, sogleich zu Seiner Gnaden, dem Kurfürsten!«
»Was soll's?«
»Weiß nicht. Hörte nur, wie er sprach von – Befehl erlassen.«
»Einen Befehl?«
»Nun komm schon!«

»So, auch das wäre erledigt. Nun wollen wir schauen, ob du nicht die tüchtigsten Handwerker für den Bau gewinnst! Kein Meister aus der ganzen weiten Umgebung darf eine andere Arbeit annehmen, bevor er nicht dir seine Dienste angeboten hat. Bist du's zufrieden?«
Der Alte verneigt sich. »Untertänigen Dank, Euer Gnaden!«
»Jetzt aber zu anderen, wichtigen Dingen!« erklärt der Kurfürst mit bedeutsamer Stimme.
»Gottes Segen wird auf diesem großen Werk ruhen, mein lieber Lotter. Geschieht doch alles hier in seinem Namen,

ihm zu Lob und Ehren. Die Kapelle wollen Wir zum Zeichen dessen dem Herrn Christus weihen. Lukas Cranach wird Uns das Altarbild für dieses Gotteshaus malen. Wir haben ihn schon beauftragt. Als Wir ihm davon sprachen, hat er gleich eine Skizze entworfen. Sieh hier! Lebensgroß Christus am Kreuz – der Mittelpunkt. Zur Rechten die Auferstehung, zur Linken Gethsemane. Darunter die Abbilder der alten Schellenburg und des Schlosses Unserer Gemahlin, Lochau. Am Fuße des Kreuzstammes eine Jagdszene zum Zeichen der Bestimmung dieses Schlosses ...«

»... und wenn ich's recht deute: hier unser Landesherr, gerecht und gnädig, hier Ihre Gnaden, die gütige Kurfürstin Anna. Dazu die Kurprinzen und -prinzessinnen. Und Christus schaut auf alle herab ... Ein genialer Meister, dieser Cranach!«

»Er wird auch den Saal im westlichen Zwischengebäude mit den Bildern Unserer Vorfahren schmücken. – Du wolltest noch etwas sagen?«

»Da Ihr das Altarbild schon bestellt habt, Euer Gnaden, wird es hohe Zeit für mich, endlich den Plan für das Gotteshaus zu vollenden. Noch zergrüble ich mir aber den Kopf um die Ausgestaltung, die am besten den Lobpreis Gottes deutlich macht und mithilft zur Erbauung der Seelen. Haben Euer Gnaden vielleicht Gedanken dazu oder auch einen Wunsch?«

»Ei freilich! Dazu wollten Wir dir ohnehin etwas sagen.«

9

Trabtrab – trabtrab – trabtrab – trabtrab ... Geschmeidig wiegt sich der schlanke Leib des Braunen im Schrittmaß. Die Mähne hüpft auf dem blanken Hals. Bebende Nüstern, wache Augen – eine Lust, der Ritt! Nicht alle Tage hat der Hengst freilich einen so schmiegsam jungen Reiter wie diesen im Sattel.

Trabtrab – trabtrab – trabtrab ...

Vom moosigen Waldpfad aus geht es auf einen steinigen Weg zwischen den Feldern. Greller, härter treffen die Hufe auf. Die Haselgerte spielt auf dem glänzenden Schenkel und heißt den Braunen, dicht am Wegrand traben. Das silbriggrüne Korn streift des Reiters leichte Stiefel.

Trabtrab – trabtrab ... Alles wie gestern. Der Weg, der reinblaue Himmel, die hohe Junisonne. Nur – des Reiters versonnen graublaue Augen suchen heute die Wiesen jenseits Hohenfichte. Gestern hielten sie nach bunten Schmetterlingen Ausschau.

Es geht bergein. Der Hengst spürt die Gerte hastiger spielen, fällt in leichten Galopp. Dem Mann im Sattel ist es recht.

Jetzt drängen sich Hohenfichter Bauernhäuser dicht an den Weg. Noch ein paar Sätze, und die Sonne spiegelt sich in den flachen Wellenkämmen der Flöha. Und dort ...

Der Braune durchwatet die Furt.

Am jenseitigen Ufer, hundert Ellen flußabwärts, kniet ein Mädchen im Gras. Seine blonden, dicken Flechten hängen auf die Sichel herab. Es richtet sich auf und wirft die Zöpfe – eins, zwei – über die Schultern zurück. Dabei fällt sein Blick auf die Furt.

»Himmel! Das ist doch ...?!« Es springt auf, will davon. Doch die Beine gehorchen nicht, sind steif vom langen Knien. Ein paar Schritte – da ist der Reiter schon aus dem

Sattel gesprungen und stellt sich der Flüchtenden mit ausgebreiteten Armen in den Weg.

»Halt«, lacht er, »heute sollst du mir nicht wieder davonkommen!«

Sie blickt verlegen auf ihre nackten Füße. Als der Fremde ihr seine Hand auf die Schulter legt, zuckt sie erschrocken zusammen.

»Hast du Angst vor mir?« fragt er freundlich.

Keine Antwort. Das straffe, grobweiße Linnen über ihrer Brust zittert.

Da nimmt er ihr Kinn behutsam in seine Rechte, sieht ihr ins Gesicht. Glutrot die Wangen, will sie seinem Blick ausweichen.

»Sieh mich an«, bittet er, »ich will nichts Böses.«

Sie gehorcht.

»Wie heißt du, Mädchen?«

»Rose.«

Rose steht dicht vor dem fremden Mann. Sie reicht ihm gerade bis ans Herz. Und sie hört seines Herzens raschen Schlag. Er hält noch immer ihre Schulter, ihren schmalen Kopf, trinkt ihren Anblick in sich hinein, als wolle er ihn lebenslang behalten. Ihren zerflickten Rock sieht er nicht.

Allmählich wird sie ruhiger. Nur die Scheu vermag Rose nicht zu überwinden. Sie ist kein Hasenfuß. Wann aber hat es das schon gegeben: Ein vornehmer Herr nähert sich in solcher Weise einem armen Mädchen?

Außerdem spricht der Vater nicht gerade gut von Leuten dieses Standes. Muß man sie nicht fürchten?

Dennoch versteht es der Fremde, ihr Zutrauen zu gewinnen.

»Komm, laß uns im Schatten des Schlehdorns ein wenig plauschen!«

»Die Ziege wartet daheim ...«

»Ich helfe dir nachher – Rose.«

Und nach einer kleinen Weile: »Wie eine Melodie, dein Name, und wie ein zarter Duft.«

»Ich muß heimgehen«, versucht sie noch einmal zu entkommen.
Er hält sie am Arm: »Du meinst, die Mutter wird schelten?«
»Ich habe keine Mutter mehr. Bin allein mit dem Vater und muß alle Arbeit tun.«
»Keine Mutter mehr«, sagt er betroffen. Und dann: »Wie ich! Weißt du nun, warum ich mich so sehr nach einem guten Blick sehne, nach einer warmen Hand?«
»Oh Herr ...!«
»Überall nichts als Kälte! Nirgendwo ein Herz. Und doch würde ich tausend Gulden drum geben!«
Die Sonne neigt sich. Laut wiehert der Hengst.
»Holst du auch morgen wieder Futter?« fragt der Reiter abschiednehmend.
»Ja. Oben am Waldrand.«

Tage später.
Häusler Matthes kehrt von der Arbeit heim.
»Wir haben Besuch«, verrät ihm die Tochter, noch ehe er in die niedere Stube tritt.
»Die Sabina! Das ist recht, daß du einmal herüberkommst. Grüß dich Gott!«
»Ich konnte nicht länger mehr warten, Nachbar. Hast du inzwischen Brosius wiedergesehen? Oder hast du von ihm gehört?«
»Wer hat dich nur geheißen, gerade heute nachzufragen? Drei oder vier Stunden ist es her, da war ich dem Brosius so nahe wie jetzt dir.«
»Ist's wahr? Oh, erzähl mir, Nachbar, ich bitte dich!«
»Der Simon und ich mußten heute seit dem frühen Morgen Kalk auf einer Trage herzuschleppen. Immer am Brunnen vorbei. Aber so sehr ich auch jedesmal achgab, ich konnte nichts und niemanden erspähen. Drei Ellen im Umkreis sind nämlich abgesperrt. Ich hatte die Hoffnung schon aufgegeben – da sehe ich am Nachmittag einen Haufen Leute

am Schacht. Die Gefangenen! ›Langsam gehn!‹ bedeute ich Simon. Und als wir heran sind, erkenne ich auch schon den Brosius. Mit hängendem Kopf. ›Brosius!‹ rufe ich halblaut. Der schnellt herum: ›Nachbar, du?‹ – ›Gruß von Sabina. Du sollst dich nicht sorgen‹, beeile ich mich zu sagen. – ›Dank!‹ stammelt er. ›Dank! Und Grüße ...‹ Mehr konnten wir nicht reden. Lotter kam und fuhr dazwischen, daß wir uns trollten. Im Gehen drehte ich mich geschwind noch einmal um und sah, daß er seinen Kopf jetzt aufrecht trug. Und seine Augen glänzten.«

»Wie soll ich dir danken!« Sabina ergreift des Mannes rauhe Hände.

Der wehrt ab. »Iß mit uns«, sagt er, als Rose die Abendsuppe auf den Tisch bringt. »Wie ich später erfuhr«, erzählt er dann, »übergossen sie den Fels gerade mit siedendem Essig, um ihn weich zu bekommen. Vorher hatten sie's mit Feuer versucht. Das nutzte nichts. Sie kommen nur schwer voran.«

»Danach wollte ich dich fragen. Nun hast du die Antwort vorweggenommen. Da gilt es noch immer: warten, warten ...«

»Wenn man's für bare Münze nehmen darf, was sie erzählen, hat sich der Bergmeister um die Freilassung der Gefangenen die Zunge verbrannt. Er brauche gelernte Bergleut', um etwas zu schaffen, soll er gesagt haben. Der Kurfürst hat ihn aber ausgelacht, wie es heißt. Er möge die Ungelernten nur recht zur Arbeit anhalten, dann würden auch sie schaffen. Im übrigen müßten die Wilderer froh sein, mit dem Leben davongekommen zu sein.«

»Geht's ihnen arg schlecht?«

»Ich mag dich nicht belügen, Sabina. Gut geht's ihnen nicht. Zum Trost will ich dir sagen: Uns, den Frönern, geht es kaum besser als ihnen. Nur daß wir abends heimgehen können und die paar Groschen Lohn haben.

Mit dem Lotter ist jetzt wirklich nicht gut Kirschen essen. Er hat Maurer wegschicken müssen. Nur vierundneunzig sind noch da. Weder die Kalkstößer noch die Steinbrecher konnten genug schaffen für ein paar hundert Handwerker. Und wenn nun der Kurfürst kommt ... Er war schon beim letzten Mal unzufrieden, wie man hört. Da muß sich der Herr Baumeister auf andere Art bei ihm einkratzen. Feldzeichen hat er für uns eingeführt, damit wir besser kenntlich, besser anzutreiben sind.«

»Feldzeichen?«

»Ein Brett hängt uns der Schösser morgens vor die Brust. Der dünne Strick am Hals schneidet ein und brennt. Sieh hier!« Er weist auf seinen wunden Nacken. »Aber das ist nur eines«, fährt er bitter fort. »Wie er die Leute beschimpft, wenn sie erst nach sieben Uhr zur Arbeit kommen! Ihren weiten Weg vom Gebirge her bedenkt er nicht. Er hat sogar davon gesprochen, sie einzusperren, wenn das nicht anders würde. Gestern hat er Rottmeister eingesetzt, immer einen über zwölf Handarbeiter. Und über zwanzig Maurer und zwanzig Helfer ist ein Maurermeister. Einen Groschen mehr will er denen geben. Wehe aber, wer nicht genügend antreibt, daß die Leute ihr Letztes hergeben! Laut gemeutert haben sie: Warum das? ›Weil ihr faul seid‹, hat der Lotter entgegnet. ›Ihr geht in den nahen Wald schlafen, statt zu arbeiten!‹ – ›Das ist nicht wahr‹, haben wir ihm die aufgerissenen Hände hingehalten. Er scherte sich nicht darum. Wer weiß, was uns noch blüht! Und wenn erst der Kurfürst wiederkommt ...« Matthes seufzt.

»Mag manches ohne des Kurfürsten Willen geschehn, Nachbar. Er würde Böses gewiß nicht dulden, wenn er davon wüßte. Er ist doch ein gottesfürchtiger Mann.«

»Du hast ihn noch nicht gesehen, Sabina. Er heißt ein frommer Landesvater ... Wie Beelzebub ist er damals über den Bauplatz gefahren. Gott verzeih mir das lästerliche Wort. Und Reden hat er geführt – wie ein Schwein. Anders kann ich's nicht sagen.«

»Du meinst, von ihm ist keine Milde zu erhoffen?«

»Nein, Sabina. Die Freien wissen von uns so wenig wie wir vom Leben eines unscheinbaren Wurmes. Wir zertreten ihn, wenn er uns unter den Fuß kommt. Sind mit dem nächsten Schritt darüberhin. Wer fragt da schon: Ist er tot? Oder krümmt er sich noch und quält sich?«
»So darfst du nicht reden, Vater!« Rose, die dem Gespräch schweigend zugehört hat, sagt es beschwörend. »Nicht alle Freien sind so, nicht alle!«

10

Ein Mann ächzt unter seiner schweren Last. Er muß Steine schleppen, wuchtige und scharfkantige Steine. Er ist schon alt, die Arbeit ihm ungewohnt. Immer aber, wenn er meint, nun geht es nicht mehr, kreischt ein vielstimmiger Chor: Weiter! Los! Müde werden gilt nicht, Baumeister!
Hundert Leute stehen um ihn, hundert Fäuste erheben sich gegen ihn.
Ich kann nicht mehr!
Du mußt!!
Die Hände, der Rücken, die Füße, alle Glieder schmerzen. Wo sind Seine Gnaden, der Kurfürst? Wann kommt die helfende Hand?
Da ist sie, die brillantengeschmückte Rechte. Da ist sie – aber nur, um ihn mitleidlos beiseite zu stoßen ...
Lotter erwacht.
Gottlob! Ein Traum nur! Lange danach aber bedrückt ihn noch seine Schwere. Ein böses Omen?
Im Juli wird Lotters Unterkunft fertig. Dann kommt der Kurfürst wieder. Wird er auch diesmal unzufrieden sein?

Vielleicht noch mehr als im Mai, weil er Handwerker entlassen mußte, denn das Material kommt nur schleppend heran. Ein Alpdruck nur, beschwichtigt Lotter sich selbst.
Der Bauherr wird erfreut sein, wie hoch die Mauern in diesen Wochen gewachsen sind. Allen Hindernissen zum Trotz. Im ersten Eckhaus bauen sie sogar schon das Gewölbe.
Nicht zum ersten Mal plagt ihn ein solcher Traum. Woher kommt es nur? Noch niemals zuvor hat er daran gelitten. Es kommt wohl daher, daß ihn abends oft drückt, was er tagsüber sät.
Er versucht, das unruhige Gewissen zu glätten, abzuwischen. Er betet. Vor Jahren hat ihm sein frommer Gönner eine prachtvolle, teure Bibel geschenkt. Darin steht es: Vater unser, der du bist im Himmel … Seit er den unseligen Bau übernommen hat, kommt er über die Bitte um das tägliche Brot nicht hinaus. »Vergib uns unsere Schuld …«
Warum erstirbt ihm das Wort auf den Lippen? Weil er morgen wieder auf den Bauplatz gehen und die Leute antreiben wird? Muß er das nicht? Ist er es seinem Landesvater nicht schuldig? Er tut es nur für ihn, wahrhaftig!
Lotters Erregung verfliegt. Er macht sich daran, die beiden Entwürfe für das Dach zu vollenden, die er zur Auswahl nach Dresden senden will. Nach seinem Besuch im Mai hatte der Bauherr den Wunsch geäußert, die vier Eckhäuser mit Türmen zu versehen. Und wie leicht könnte das auch der Niederländer erfahren!
Der Baumeister tut seine Arbeit mit Bedacht. Hieronymus, sein jüngster Sohn, weilt zu Besuch bei ihm. Der wird ihn inzwischen auf dem Bauplatz vertreten.
Während er die Entwürfe und ein Schreiben versiegelt, klopft ein Bote ans Torhaus.
»Nachricht vom Hof, Baumeister!«
Er will gleich wieder gehen, nachdem er das Schriftstück überreicht hat. Lotter hält ihn zurück.
»Antwort nicht abzuwarten, ist mir befohlen.«

»Das braucht Er auch nicht. Er kommt mir nur gerade recht, Seiner Gnaden eine Botschaft zu überbringen. Hier ist sie! Ein Zehrgeld nehm' Er dazu.«
Der Bote verwahrt beides in seinem ledernen Beutel, dankt, grüßt und geht. Als er dem Torhaus den Rücken kehrt, lacht er verstohlen in sich hinein. »Was die sich fortwährend zu schreiben haben! Brief hin – Brief her. Wie oft bin von Dresden nach dem Schellenberg, vom Schellenberg nach Dresden geritten, seit der Bau begann! Kann's nicht mehr zählen, und ich bin nicht einmal der einzige Bote. Nun, mich soll's nicht kümmern. Möcht' mit dem Baumeister nicht tauschen. Hin und wieder erfährt man's ja: Alle naslang will Vater August etwas geändert haben – heute die Fenster, morgen die Türen, heute dies, morgen das. Lotter aber darf kein Eckchen breit vom Plan abweichen, wenn er zuvor nicht angefragt hat. Dagegen hat's ein Reiter wohl gut ...« Er pfeift sich ein munteres Lied.
Lotter hat den Brief geöffnet und gelesen. »Schick mir den Schösser her«, ruft er durchs Fenster einem Helferknecht zu. Er wartet ungeduldig. »Der wird Augen machen ...!« Und als der Amtsschösser bei ihm ist: »Wie war doch die Sache mit dem Brand im Brunnen, Schmid? Ich war an dem Tag in Lengefeld; habe nur durch meinen Sohn davon erfahren.«
»Als der Steiger aufbegehrte, weil ich ihn zur Verantwortung zog, da war Euer Sohn dabei, Baumeister. Doch als ich ihn zum Zeugen anrufen wollte, war er verschwunden. Ich hatte sein Fortgehen überhaupt nicht bemerkt.«
»So müßt Ihr mir jetzt um so ausführlicher berichten, Schösser.«
»Ich habe Seiner Gnaden in einem Brief den Hergang geschildert. Auf das Geschrei ›Es brennt im Brunnen‹ hatte ich gedacht, die Leute wollen mich zum besten halten. Der Brunnen gibt Wasser, das möchte man eher glauben. Aber ein Brand? Ich bin dennoch gegangen, um nach dem Rechten zu sehen. Und wirklich, keine Narretei! Die Gefangenen

kamen gerade noch rechtzeitig heraus. Keiner hat schweren Schaden genommen. Aber die Gerätschaften sind verbrannt. ›Wo ist der Planer? Den Planer ruft!‹ schreie ich. ›Der ist in Freiberg‹, erinnert mich einer. Ja, richtig! So haftet also der Steiger. Ich sperre die Wilderer in die Bollwerke, damit mir keiner davonkommt. Dann nehme ich Lazarus Windisch vor. ›Ich habe noch einmal versucht, den Stein mit Feuer zu erweichen‹, will er sich ausreden. Wer soll ihm das glauben? Mir malt keiner ein X für ein U! ›Deine Fahrlässigkeit sollst du büßen‹, schreie ich, ›büßen, so wahr ich Michael Urban Schmid heiße.‹ Weil er sich widersetzt, als ich ihn verhafte, lege ich ihm Fesseln an. ›Was soll mit ihm geschehen?‹ habe ich gefragt.«
»Die Antwort ist eben eingetroffen, Schösser.«
»Und ...?«
»Vier Worte: Wieder freilassen zur Arbeit! Richtet Euch danach!«

Die Leute, die Lotter aus dem Torhaus treten und den Schlüssel umdrehen sehen, halten den Atem an: Jetzt kommt er!
Nein, heute schlägt er eine andere Richtung ein.
Er wird seinen Adonis aus dem Stall führen, satteln lassen und mit ihm ins Tal reiten. Um nichts in der Welt möchte er an sein Traumbild erinnert werden.
Nanu – wo ist sein Brauner? Auch der Sattel ist nicht da?!
Da sieht er seinen Sohn, das Tier am Zügel, den Weg heraufkommen.
»Ich dachte, du bist auf dem Bau, Hieronymus!«
Des Vaters Stirn ist eine einzige steile Falte.
»Verzeiht, Herr Vater, diese Leuteschinderei ist nichts für mich. Überlaßt das den Steckenknechten, die ohnehin bald kommen sollen, wie Ihr gesagt habt. Inzwischen sieht gewiß auch Euer Unterbaumeister ...«

»Schweig mir von dem!! Und Leuteschinderei? Du gehst zuweit, mein Sohn! Der Kurfürst bezahlt die Leute. Also muß ich darauf achten, daß sie tüchtig arbeiten. Ich tue alles für meinen gütigen Herrn.«
»Mag sein, Herr Vater. Ich kann es nicht!«
»Du bist wie deine Mutter, Hieronymus. Nicht nur dein Aussehen erinnert mich stets daran. Du bist weich wie sie. An meiner Katharina – Gott hab' sie selig! – hat mir diese Wesensart gefallen. Du aber? Ein Mann von nahezu dreißig Jahren mit so empfindsamem Gemüt!«
Trotz des leisen Vorwurfs glättet die Erinnerung an die Mutter des alten Hieronymus Stirn. Versöhnlich lenkt er ab. »Du hast mir vor ein paar Tagen erzählt, der Schösser habe den Steiger verhaftet und in Dresden angefragt, was mit ihm geschehen soll. Heute ist die Antwort gekommen.«
»Was haben Seine Gnaden geschrieben?«
»Wieder freilassen zur Arbeit!«
»So hat sein Geiz die Herrschsucht besiegt ...«
»Hieronymus!« braust Lotter auf. »Wie kannst du so von deinem Landesherrn sprechen?!«
»War das ein falsch Zeugnis?«
Der Alte schweigt.
»Zürnt mir nicht, Herr Vater, ich bitt' Euch!« Und als der nichts erwidert: »Wollt Ihr jetzt reiten?«
»Nein!«
Der junge Hieronymus wirft die Haselgerte beiseite, die er spielerisch in den Fingern hielt. Dann sattelt er das Pferd ab. Als er wieder hinaustritt, steht der Vater noch an derselben Stelle.
»Wohin bist du heute geritten?«
»Durch den dichten Schwarzwald um Hohenfichte.«
»Dort bist du oft ...«
»Ja, Herr Vater. Bedenkt: das flache Land um Leipzig – und die Berge und lieblichen Täler hier!«
»Leipzig! Die Brüder werden deinen Bericht erwarten, wie

du mich angetroffen hast. Wie lange willst du sie noch warten lassen?«

»Ich habe vor, an Albrecht und Ludwig zu schreiben. Wenn es Euch recht wäre, Herr Vater – ich würde gerne noch eine kleine Weile bei Euch bleiben.«

II

Der Schloßhof bildet ein großes Kreuz. Es ist schon gut zu erkennen, wenn auch der Platz für die Kirche noch unberührt liegt. Vom Haus neben der alten Linde auf der einen Seite, ringsum bis zum Küchenhaus auf der anderen, wächst Stein um Stein das Gemäuer. Hoch ragt das westliche Eckhaus. Schwankende Gerüste erklimmen die Mauern.

Die mittägliche Augustsonne brütet. Beißender Schweiß tropft von den Stirnen. Die Männer haben ihre Hemden ausgezogen, sie kleben ihnen am Leibe. Wenn sie nur auch das hölzerne Feldzeichen ...! Es ist heute doppelte Last. Aber Lotter versteht keinen Spaß! Ein Wunder, daß er sich heute noch nicht sehen ließ. Vielleicht ist es auch ihm zu heiß. Aber Erbarmen? Damit zu rechnen, haben die Schellenbergleute verlernt.

Nicol Hofmann, der Obermeister, hantiert mit Elle und Wasserwaage. Neben ihm mauert Moritz Gröner.

Wiegen auch die Steine doppelt? Moritz verschnauft einen Augenblick.

»Wer kommt denn dort vom Brunnenschacht her?« stößt er Nicol an.

»Kann's kaum erkennen, die Sonne blendet. Bunt wie Paradiesvögel sehen die beiden Gestalten aus.«

»In der Tat, sie tragen breitkrempige helle Hüte, der eine mit grasgrünem, der andere mit purpurnem Federbausch.«
»Die mögen sich darin gefallen, sonst hätten sie Hut und Rock heute gewiß daheim gelassen.«
Hans, der Helferknecht, wird aufmerksam. »Dort kommen zwei, fast so fein wie der Kurfürst – nur nicht so fett«, raunt er Merten Ranisch zu.
Der macht große Augen, tellerrund. »Du, die Stulpenstiefel und solch einen Schulterriemen möcht' ich wohl haben.«
»Die blauen Wämse sind gewiß aus Seide. Hinter den Schlitzen in den Pluderärmeln leuchtet's gelb ...«
Die beiden Schecken – so nennt sie Moritz bei sich – bleiben stehen. Adleraugen mustern die Gerüste.
Der Rottmeister sieht es. »Kehrt! Und gearbeitet!«
Seine Stimme dringt nicht laut, aber scharf an der Jungen Ohr. Als sich Hans kurz darauf doch noch einmal verstohlen umschaut, sieht er nur Ilgen Thurmer mit einer leeren Kiepe über den Hof hinken. Sein Feldzeichen scheppert. »Wie ein Büßer«, muß Hans denken.
Die Paradiesvögel sind verschwunden.
»Wer mögen die sein?« wendet sich Moritz Gröner noch einmal an den Obermeister.
»Ich will kein schlechter Prophet sein. Mir schien, sie trugen jeder eine kurze Peitsche ...«
»Einen Ziemer? Du meinst ...?«
Achselzucken. Und nach geraumer Zeit: »Wo bleibt nur Ilgen mit dem frischen Mörtel?«
»Dacht' auch gerade, der ist gut, nach dem Tode zu schikken.«
»Lauf, Hans! Sieh, wo er steckt.«
Kaum fort, kommt der Junge schon wieder angehetzt.
»Kommt schnell!« keucht er. »Schnell, Obermeister! Sie haben ihn – erschlagen!«
»Junge, was red'st du da?!«
»Glaubt mir's, erschlagen. Kopf und Rücken voll blutiger

Striemen. Sie schlenderten grad davon und lachten und lachten. – So kommt doch!«
Nicol Hofmann eilt zähneknirschend davon.
Stimmengewirr. Erregte Gesten.
Hans will dem Meister hinterher. Einer hält ihn zurück: »Tot?«
»Reglos liegt er, auf dem Gesicht ...«

Sie stecken jetzt zu dritt im Käfig, der lange Caspar, Brosius und der schwächliche Jörgen aus dem Gebirge. Der ist erst seit vierzehn Tagen hier. Brosius fragt sich jedoch, ob er noch einmal so lange aushalten wird. Ein halbwüchsiger Junge noch trotz seiner zwanzig Jahre, hat er schon ein paarmal in sich hineingeweint. Der lange Caspar will sogar wissen, daß er im Halbdunkel wieder und wieder ein Wort mit den Lippen formt: Mutter. Doch wenn er auch innerlich stark wäre – sein Körper ist den Strapazen nicht gewachsen.
Sie sitzen jetzt nachts auf dem Erdboden, den Rücken an die Wand gelehnt, dicht nebeneinander. So stützen sie sich. So können sie aber auch notfalls einer dem andern ins Ohr reden, wenn es draußen niemand hören soll. Das ist wichtig. Seit gestern.
Zwei Steckenknechte sind da, scharf wie Kettenhunde. Die fuchteln nicht nur am Tage mit der Peitsche, sie streichen auch nachts um die Bollwerke.
»Habt ihr's gehört? Gestern haben sie einen halb erschlagen.« Caspars Stimme ist rissig und rauh.
Jörgen zittert. Hilfesuchend hängt sein Blick an Brosius. Hat er nicht immer einen Trost bereit? Einen Trost, der wahrhaft tröstet?
Heute schweigt er. Und seufzt sogar.
»Wir wollen uns nichts vormachen, Leute. Das wird noch ›besser‹. Lange ertrage auch ich's nicht mehr. Nur ... entkommen? Jetzt nicht mehr!«
»Willst du mich an damals erinnern?« fragt Caspar böse.

Brosius schüttelt müde den Kopf. »Nein! Die Gedanken kommen eben.«
»Vielleicht auch Gedanken um Gottes Gerechtigkeit? Wo ist sie nun, Brosius, he?! Du wolltest das niemals hören. Aber sag mir: Weshalb läßt er uns knechten, knechten bis aufs Blut?«
Vor zwei Tagen noch hätte Brosius zu antworten gewußt. Vor zwei Tagen noch hätte er dabei an Jörgen, an das Häuflein Furcht gedacht: Der Junge braucht eine Stütze, jetzt und hier, mit meiner Antwort. Und Caspar – er soll nicht wieder der alte werden.
Heute aber? Heute sitzt Brosius selbst im Finstern, im Leeren. Er preßt die Hände über den Knien zusammen.
Nichts – die Leere bleibt.
»Brosius«, beginnt Caspar wieder, »wenn nun ...«
»Pst! Horcht!«
Harte Absätze vor den Bollwerken. Jetzt bleiben sie stehen. Unverständliches Johlen und Plärren. Die Steckenknechte kennen einer den anderen kaum mehr in ihrer Trunkenheit. Wehe dem, der ihnen jetzt in die Hände fällt!
Drei Menschen halten den Atem an, lauschen. Werden sie hereinkommen?
Eine Peitsche knallt.
Jörgen schreckt zusammen. Torkelnde Stiefeltritte ...
Werden sie ...?
Nein, der Widerhall verebbt.
»Gott Dank!« flüstert Jörgen, als die Spannung langsam weicht. Caspar steht mit geballten Fäusten. Er tritt dicht vor Brosius hin. So dicht, daß sein Atem ihn streift. Und packt ihn am Wams. »Die – die haben Macht über uns! Wo ist die Gerechtigkeit, he?!«
Aber Brosius bleibt dem Empörten die Antwort schuldig.

Am anderen Morgen.
Fiebernde Hirne um Nicol Hofmann. Was hat er gestern gesagt? »Soll die Peitsche regieren, bis das Schloß steht? Wir

tragen aber selbst auch Schuld! Unser Schweigen ist ja und amen zu solchen Grausamkeiten.«
Fragen sind den Leuten gekommen. Wer schickt die rohen Gesellen? Kann der Kurfürst das wollen? Und: Was sagt Lotter dazu?
Nicol Hofmann stellt sich taub. Ein bedeutsamer Seitenblick auf Erhardt van der Meer läßt auch die Frager verstummen. Der Niederländer hat Hofmanns Blick nicht aufgefangen. Dennoch weiß er: »Sie schweigen jetzt um meinetwillen.«
Ja, sie sehen in ihm den Bundesgenonssen des Bauherrn – haben sie doch längst erfahren, daß auch das Tor nach seinem Vorschlag verändert wird.
Freilich, verderben möchte er's auf keinen Fall mit Seiner Gnaden. Aber die Geschundenen verraten? Nein. Soll er ihnen das sagen? Es wird wenig nützen. Wortlos geht er weg.
Nicol Hofmann sieht ihm nach. »Kann man ihm trauen? Lotter ist vor kurzem in sein neues Haus übergesiedelt. Paßt auf, nicht lange mehr, und der Kurfürst ist da! Dann könnt ihr den van der Meer wieder scharwenzeln sehen!«
»Was meint Ihr, Obermeister, wird der Kurfürst den Wüstlingen Einhalt gebieten?«
»Der wird ihnen die Freiheit nicht beschneiden, geht es ihm doch ohnehin nicht flott genug voran.«
»Ich meine doch, sein christliches Gewissen wird ihn rühren.«
»Hat er eins?«
»Und Lotter?«
»Seit die Kerle hier herumstolzieren, läßt er sich nicht sehen. Der weiß das Antreiberamt in guten Händen. Sagt, Leute, ist das noch ein Leben? Das ist die Hölle auf Erden, sage ich! Zwölf Stunden sich abrackern für ein Almosen. Dazu noch Prügel? Horcht her, Leute! Das lassen wir uns nicht mehr bieten!«
Der Obermeister kommt im Laufe des Tages zu dieser Arbeitsgruppe, zu jener. Daran ist nichts Auffallendes.

»Horcht her ...!«
Und sie sagen es einander weiter. Einer dem anderen und der andere wieder einem anderen.
Jetzt ist es genug! Jetzt liegt es an uns ...
Jeder weiß etwas dazu. »Wenn es Wahrheit würde – ein paar Groschen mehr Lohn! Bald wird das vierzehnte Kind ankommen, wird die Not noch größer machen. Wenn es also wahr würde ...?!«
Und ein anderer: »Eine Stunde früher daheim sein – da könnte man auf dem Acker noch manches machen ...«
»Die groben Steine zerreißen unsere Lumpen vollends. Wenn man einen neuen Kittel erwerben könnte ...«
Einer hat Bedenken. Ganz leise nur: »Nicol ist doch eigentlich Meister ...«
Zehn fahren auf ihn los. »Der ist nicht falsch! Halte dich nur an den!«
So sagen sie's weiter: Jetzt liegt es an uns! Sagen es, bis einer die Frage stellt: »Wie soll ein ausgemergelter Fröner gegen die Gewalt ankommen?«
Und einer mit grauem Bart nickt dazu: »Ihr habt gut reden, Obermeister!«
Nicol steht überlegen vor den Zweiflern: »Der einzelne kann nichts, gar nichts. Großes aber vermag ... pst, der Niederländer.«

12

Der Duft reifer Äcker erfüllt die warme Sommernacht. Blaß und unendlich fern blinkt hier ein Stern und dort. Hoch und schwarz ragen die Fichten. Unbeweglich. Stumm. Leises Rascheln in der nächtlichen Stille.

Ein Dachs? Ein Igel?
Ein Mann tritt aus dem Dickicht, schüttelt sich Reisig und Laub von den Kleidern, klaubt es im Gehen aus seinem struppigen Bart.
Das schwache Licht der Mondsichel verwischt, was der Tag nicht verheimlichen kann: die abgemagerte, zerlumpte Gestalt, die hohlen Wangen und die tiefliegenden Augen.
Der Mann erreicht die Flöha, durchschreitet die Hohenfichter Furt und nimmt dann den kürzesten Weg entlang der Feldraine auf Brosius Utmanns Gehöft zu. Zielstrebig, mit sicherem Schritt, wie einer, der hier gut Bescheid weiß. Was will er? Vielleicht ein Strolch! Oder bringt er eine Nachricht?
Sabina Utmann liegt in tiefem Schlaf.
Sie hat tagsüber schwer gearbeitet. Die Ernte will eingebracht sein. Der Zehnte wird fällig, die Kinder sollen satt werden. Das Leben ist unerbittlich. Es fragt nicht, ob die Kraft einer zarten Frau ausreicht, das Anwesen zu halten und dazu die Last des Geschickes zu tragen. Es fordert. Und Sabina schafft. Schafft und klagt nicht. Schafft mit frohem Mut.
Oft und oft haben sie die Nachbarn schon gefragt: »Woher nimmst du die Kraft, das feste Herz?«
Sabina versteht nicht, viel Worte zu machen. »Jeden Morgen lasse ich sie mir schenken«, sagt sie einfach. Und weist himmelwärts.
Heute huschen die Bilder des Tages im Schlaf um Sabinas Seele. Sie sieht ihren Jungen freudig zupacken, wie er es immer getan hat, seit der Vater fort ist. Jedesmal aber, wenn sie sich darüber so richtig freuen will, fällt ein Wermutstropfen hinein.
Ein Mensch, der keine Kindheit kennt – sei es auch nur eine in Armut –, wird ihm nicht ein Licht fehlen, das keine andere Helle zu ersetzen vermag? Ja, wenn Brosius bald wiederkäme ...! Aber sie hofft nicht mehr nach Tagen und

Wochen, sie hofft auf nächstes Jahr oder übernächstes oder noch eins mehr.
Die beiden kleinen Mädchen nimmt sie jetzt mit aufs Feld. Sie sitzen am Rain, im Schatten von Busch und Baum, lesen ein paar Ähren auf mit ihren kaum zweijährigen, ungelenkten Händchen. – Nachbar Matthes ist gestern abend gekommen, ein Wagenrad instand zu setzen. Sie hört ihn reden, hört ihn am Rad herumklopfen. Er redet immer nur ein Wort. »Sabina ... Sabina ...«
Und klopft und klopft ...
Schlaftrunken richtet sich Sabina auf. War es nicht, als klopfte da wirklich jemand an die Tür? Und wieder: »Sabina ...«
Sie horcht.
Jetzt – ganz deutlich: »Sabina!«
Ein jäher Schreck durchfährt sie. Bedeutet das Gutes? Schlimmes? So vertraut mutet die Stimme an ...
Sie wirft ihr Kleid über, eilt an die Tür.
»Wer ist draußen?«
»Kein Fremder!«
Traum? Oder Wirklichkeit?
Sabinas Gedanken sind wie gelähmt. Sie öffnet mechanisch die Tür.
Und dann ...

Andreas erwacht zeitig am anderen Morgen. Er reibt sich die Augen, sieht sich um.
Ein heller Jauchzer. Er springt auf: »Vater! Vater!!«
Jubelnd umarmt er Brosius, weiß sich vor überströmender Freude nicht zu lassen.
Ruckartig macht er sich los. Ernst das Gesicht, fragt er: »Vater, bleibst du jetzt bei uns?« Jedes Wort betont.
»Ich möchte nie mehr fort von euch, mein Junge.«
Sabina horcht auf. Möchte? Warum sagt er nicht einfach: Ich gehe nicht mehr fort!?
Die Arbeit aber hält nichts vom Grübeln.

Von Andreas' Freudensprüngen sind die Kleinen erwacht. Vier große blaue Kinderaugen richten sich fragend auf den fremden Mann. Brosius nimmt die Mädchen in seine Arme und drückt sie fest an sich.
»Das ist der Vater«, sagt Sabina.
Weil er lacht, lachen auch die Blauaugen. Vier Händchen zausen Vaters Bart.
»Du mußt heute mit uns aufs Feld gehen«, meldet sich Andreas wieder. »Wir haben schon viel geerntet.«
»Andreas hat mir fleißig geholfen. Jeden Tag von früh bis spät«, lobt die Mutter. »Du wirst staunen, wie gut er das Seileknüpfen und Garbenbinden versteht.«
»Ich hab's gewußt, daß mein Bub die Mutter nicht im Stich läßt!«
Andreas bekommt feuerrote Wangen und dunkelrote Ohren. »Du solltest dich freuen, Vater ...«
Und nach einem tiefen Luftholen: »... bringst du mir jetzt auch das Pfeileschnitzen bei?«
»Ich habe nicht vergessen, was ich dir versprochen habe, mein Junge. Sobald die Ernte drinnen ist, kannst du das Messer holen.«

Wieder ist es Abend geworden. Brosius war eine Stunde lang beim Nachbar Matthes. Jetzt kommt er zurück.
»Wirst du mir nun erzählen?« bittet Sabina.
»Ja, das will ich. Du hast mich heute früh gefragt, ob wir nun endlich auf Wasser gestoßen sind. Ich habe darauf geschwiegen. Nun will ich dir sagen, warum.«
Sabina forscht in ihres Mannes Zügen. »Warum?«
»Ich wollte deine Freude nicht trüben. Wenigstens für einen Tag. Ich bin – nicht – freigelassen. Wir sind entflohen. Wir, der lange Caspar, der kleine Jörgen, mit denen ich mein Gefängnis teilte, und ich.«
»Brosius!«
»Du darfst nicht erschrecken. Laß mich dir später auch er-

zählen, was ich eben von Matthes erfahren habe. Dann wirst du ruhig sein. Wir waren am Ende unserer Kräfte, Sabina. Alle drei. Ja, auch ich. Und innerlich mehr als äußerlich. Du magst mich jetzt weich oder schwach schelten. Wenn du es noch niemals erlebt hast, kannst du nicht ermessen, in welcher Dunkelheit meine Seele seit Tagen steckte. Jetzt ist's wieder licht und leicht in mir und um mich. Aber vorher? Wir haben kein Ende mehr gesehen. Oder nur noch das Ende – wie man will. So ohne jeden Trost saß ich in der Not, daß ich hätte schreien mögen! Wie sagte dein Vater doch, daß Jesus am Kreuz gerufen hat? – Mein Gott, warum hast du mich verlassen? Warum? Matthes hat recht gesagt, wenn er dir berichtete, daß wir streng bewacht wurden. Gestern nun ... Wir wurden gerade wieder von einem Steckenknecht in die Bollwerke getrieben. Da hörten wir lautes Schimpfen und Johlen. Die Bauleute hatten Feierabend. Der Rohling mit der Peitsche stutzte. Vielleicht roch er Blut. Jedenfalls warf er die Tür hinter uns zu und hetzte fort. Ich probierte – wirklich, nur angelehnt! Ich winkte Caspar, winkte Jörg – alles nur Sekunden ... Der nahe, dichte Wald bot uns ersten Schutz. Eilend pirschten wir uns weiter. Das Streiten rückte immer ferner.
Von Matthes habe ich nun die Ursache der Meuterei erfahren. Die Steinhauer drohten schon seit Tagen damit. Man sollte die Steinspitzer nicht länger mit Arbeiten beschäftigen, die den Steinhauern zukämen. Lotter hat das nicht ernst genommen. Sie wußten aber, daß er sie dringend brauchte – also wagten sie den Aufstand. Kellerstufen und anderes Steinzeug zu spitzen, waren die Steinspitzer eingestellt worden. Die Steinhauer trieben sie ab, nahmen ihnen das Werkzeug und sagten, sie sollten erst das Steinhauen lernen.«
»Ist das recht, Mann? Sind nicht die einen wie die anderen arm und dürftig?«
»Recht oder nicht recht, wer fragt heute noch danach? – Lotter ließ die Steinhauer gleich ins Gefängnis sperren.«

»Ich meinte, die Brunnengraber steckten darin?«
»Die ließ man kurzentschlossen am Seil in den Brunnenschacht hinunter. Dort mußten sie über Nacht bleiben. Matthes wußte alles ganz genau. Hat man doch heute den ganzen Tag von nichts anderem gesprochen. Wann man entdeckte, daß die Vögel ausgeflogen sind?« Brosius lacht. »Nun, drei fehlten beim Abseilen. Die Steckenknechte knirschten vor Wut, rannten hierhin und dorthin. Aber es war über dem Tumult längst dunkel geworden.«
»So wird man in den kommenden Tagen suchen ...«, läßt die Frau den Kopf hängen.
»Da sei ganz still: Man hat das Suchen aufgegeben. Es kämen ohnehin ständig Neue hinzu, hat es geheißen.«
Sabina will das Aufatmen nicht gelingen.
»Nun sind die Steinhauer gefangen. Und es ergeht ihnen schlimm wie euch ...«
»Sie sind heute schon wieder frei. Kaum in den Bollwerken, haben sie gebeten, die Sache als erledigt anzusehen. Und wenn man sie den Winter über behalten würde, so wollten sie im Frühjahr auf dem Bau ihr Bestes tun. So abschrekkend sind diese Gefängnisse!«
Brosius und Sabina schweigen. Jeder hängt seinen Gedanken nach.
Bis die Frau die Stille unterbricht.
»Wo sind die anderen beiden? Caspar und Jörgen hast du sie genannt, nicht wahr?«
»Ich wollte sie mit herbringen, daß sie Kräfte für ihren weiten Heimweg sammeln. Caspar ist aus Pirna. Der schwächliche Junge, der Jörgen, aus dem oberen Gebirge. Beide wollten nicht. Sie hatten dieselbe Unrast im Blut wie ich. Heim, nur heim! ›Wenigstens Wegzehr laßt euch mitgeben!‹ redete ich ihnen zu. ›Wer der Hölle entflieht, fragt nicht nach Wegzehr‹, hat der Caspar geantwortet.
So ließ ich sie ziehen. Ich bin gewiß, ein gutes Herz wird sich finden, das ihnen einen Bissen und einen Trunk zur

Stärkung reicht. Ein gutes Stück werden sie heute vorwärts gekommen sein.«
»Jeden Abend habe ich im Gebet an dich gedacht, Brosius. Heute abend wollen wir die beiden unterwegs dem Herrgott anbefehlen. Sie haben's gut. Sie wohnen weitab von hier, wenn sie auch jetzt den weiteren Heimweg haben. Du aber?«
»Du sorgst dich noch immer. Sieh, man hat uns nicht nach dem Woher gefragt. ›Arbeiten!‹ hieß es, weiter nichts. Wenn mich hier kein Mensch verrät ... Von den Nachbarn tut's keiner. Es sei denn Gröbel, dieser Halunke, hätte wieder ein Lüstlein, sich einen Namen zu machen.«
»Gröbel hat dich damals ...?«
Brosius nickt.
»Dann vergib ihm, wenn du's noch nicht getan hast. Er ist eines grausamen Todes gestorben. Vor ein paar Wochen hat ihn ein Keiler übel zugerichtet. Wie man sich erzählt, muß er gräßliche Schmerzen erlitten haben, eh's mit ihm zu Ende ging.«
»Nun sehe ich's wieder«, sagt der Bauer nachdenklich. »Gott bleibt der Gott der Gerechtigkeit. Er bleibt's! Caspar wollte oft daran zweifeln. Und – Schande über mich! – zuletzt wollte ich selbst fast glauben, er stehe den Ungerechten zur Seite. Herrgott, vergib mir das! Freilich, jeden trifft die Strafe nicht im Handumdrehen. Aber wenn nicht hier, dann wird dort die Gerechtigkeit offenbar werden. Moritz, der Steckenknecht, hat seine Heimzahlung auch schon.«
»Auch der?«
»Matthes sagte es. Der auf unsere Tür nicht achtgab, dient nun zum abschreckenden Beispiel. Für den anderen und für den, der nach ihm kommt. Der Schellenberger Scharfrichter hat ihn im Gefängnis mit der Rute durchpeitschen müssen. Dann hat man ihn davongejagt.«
»So hat einer um deiner Flucht willen leiden müssen ...«
»Du wirst mir jetzt entgegnen, man solle auch seine Feinde lieben. Das hat der Doktor Luther aus Gottes Wort verdol-

metscht. Doch sage ich dir, der Wüstling führte seine Peitsche mit allzu loser Hand – der mußte sie auch einmal am eigenen Leibe spüren. Auf dem Schellenberg gibt es ein paar Schinder. Der Kurfürst ist auch erst vor ein paar Tagen wieder fort. Alle anderen sind – Geschundene. Was haben sie getan? Verstehst du mich, daß mir's kein Schmerz ist, wenn sie ihre Missetaten auch selbst einmal zu spüren kriegen? Der eine wenigstens und der andere?«
»Ich verstehe dich, Brosius. Du hast Schweres erlebt, ihr alle. Aber darf deshalb die Liebe erkalten? Wenn die stirbt, wird das Leid auf Erden nicht kleiner. Wem ist dann geholfen? Den Verblendeten nicht, den Gequälten noch weniger.«
»Freilich, du hast recht. Aber kommt dich nicht auch manchmal das Zweifeln an? Sag, hast du die ganze Zeit hindurch immer festgestanden, ohne je zu wanken?«
»Wie schnell es uns packen und tief hinunterziehen will, weißt du. Dann habe ich mich an den Herrn geklammert, daß er mich hält. Und immer wieder kam mir dabei das Psalmwort in den Sinn, das ich der Mutter auf ihrem langen Krankenlager jeden Tag hersagen mußte. Der Magister daheim hat es uns als Kinder gelehrt. Du kennst es doch auch:

Dennoch bleibe ich stets an dir,
denn du hältst mich bei meiner rechten Hand,
du leitest mich nach deinem Rat
und nimmst mich endlich mit Ehren an.

Wenn ich nur dich habe,
so frage ich nichts nach Himmel und Erde.
Wenn mir gleich Leib und Seele verschmachtet,
so bist du doch, Gott, meines Herzens Trost
und mein Teil ...

Mutter pflegte oft zu sagen: In guten Tagen des Herrgotts sein, das ist ihm keine besondere Ehre. Damals habe ich's noch nicht verstanden.«
Brosius seufzt tief auf. »Das Dennoch –!« Dann flüstert er noch einmal, als wollte er's nie mehr verlieren: »... du hältst mich bei meiner rechten Hand. Wenn ich nur dich habe, so frage ich nichts nach Himmel und Erde. Dennoch, Dennoch!«

13

Es ist Sonnabend, der 25. September des Jahres 1568. Lohnzahlung.
Heute tragen die Arbeiter vom Schellenberg ihren Familien die Groschen heim, die ihnen sechs Tage saurer Arbeit einbrachten. Ihre Weiber werden das Geld hundertmal umdrehen, ehe sie es ausgeben. Es wird am anderen Sonnabend dennoch verbraucht sein und dabei nicht einmal für das Nötigste ausgereicht haben.
Die Zimmerleute, die Tischler, Schmiede und Büttner lassen ihre Münzen in den Taschen klimpern.
»Eine Schande, sich dafür eine ganze Woche hindurch die Knochen zerschinden zu müssen!«
»Hast recht. Was wollen wir aber machen?«
»Mit Zusehen ist freilich nichts getan«, mischt sich ein Maurer ein.
»Ihr Maurer redet ein närrisches Zeug daher. Hat Schwenkkers Rauferei mit dem Daniel eure Gemüter so erhitzt? War ja auch unrecht von Schwencker, grundlos Händel anzufangen.«
»Und der Daniel soll's nun mit büßen.«

»Aber heute noch wird er wieder frei«, sagt Moritz Gröner darauf.
»Redet nur, ihr Maurer«, winken die Zimmerleute ab, »der Daniel sitzt morgen und übermorgen noch im Keller. Und mit dem Geld gebt ihr euch schließlich genauso zufrieden wie wir.«
»Wollen sehen!«
Die Maurer warten heute bis zuletzt, alle miteinander.
»Sind die Steckenknechte noch da?« fragt ein älterer Mann.
»Haben sich längst vertrubelt, Obermeister«, entgegnet einer.
Der Grauhaarige nickt beruhigt. »So ...«, sagt er beiläufig.
Es ist, als hätten die Maurer darauf gewartet. Sie strömen in die Bauhütte und drängen sich dicht um den Tisch, an dem der Schösser und der Bauschreiber sitzen.
»Kommt ja heute allesamt zuletzt, ihr Maurer?«
»Ja, Urban Schmid. Zum erstenmal drei Groschen mehr für die Woche! Die muß man mit Bedacht in Empfang nehmen. Meinst du nicht auch?«
Moritz Gröner spricht für alle. So ist es ausgemacht.
Zustimmendes Raunen.
Atemberaubende Spannung.
»So geht's nicht, Leute, wie ihr euch das denkt.« Der Schösser bemüht sich, ruhig, beruhigend zu sprechen.
»Was geht nicht?« Moritz' Stimme klingt beängstigend heiser.
»Ihr meint, mehr Lohn zu fordern, heißt schon, das nächste Mal einundzwanzig Groschen statt achtzehn zu kriegen? Wann hat es sowas schon gegeben? Schlagt euch die Narreteien aus dem Kopf, Leute!«
Die Maurerschar gleicht einem erregten Bienenschwarm. Das Raunen schwillt an. Nur ein Raunen. Aber wie lange noch?
»Hier! Achtzehn Groschen: Caspar Fleck, Andreas Hermann, Moritz Gröner ...« Schmid zählt das Geld auf den Tisch.
Keiner rührt es an.

»Ihr weigert Euch, Schösser?« Moritz Gröners Stimme hebt sich wie Donnergrollen.
Michael Urban Schmid ist ein starker, wuchtiger Mann. Wer hat ihn jemals furchtsam gesehen?
Heute aber ...
Wo er auch hinsieht – harte, entschlossene Augenpaare. Ihm ist eigenartig zumute. Und er ist kein schlechter Rechenmeister: Was wird hier geschehen?
Ehe sich's einer versieht – ein Satz, und er ist zum Fenster hinaus. Auf und davon.
Lachen. Lärmen. »Feigling! Feigling!«
Was kümmert das Michael Urban Schmid? Morgen ist Sonntag. Am Montag wird das rebellische Volk zur Ruhe gekommen sein, wird alles wieder vergessen haben. Heute muß er sich aus der Schlinge ziehen.
Allein sitzt der Bauschreiber hinter dem Tisch mit den Lohnlisten. Kalkweiß.
»Leute, ich kann euch nicht mehr geben, als man angewiesen hat. Ich habe nicht mehr.«
»Das wissen wir, Eyßvogel. Das ist nicht deine Sache.« Moritz Gröner versucht, das Stimmengewirr zu übertönen. »Was nun, Nicol?« wendet er sich an den Obermeister dicht neben ihm.
»Einstweilen die achtzehn nehmen!« entscheidet der.
Moritz Gröners und des Meisters Beispiel folgen die anderen. Die ihr Geld haben, scharen sich um Nicol Hofmann. Die Spannung wächst. Es ist nicht mehr aufzuhalten, sie wird sich entladen. Muß sich entladen.
»Nicol?« Hundert Blicke und mehr sind auf den Meister gerichtet.
»Wie wir es besprochen haben. Anders nicht. Nur Mut braucht ihr, nur Wagemut. Ich sage es euch ja nicht zum ersten Mal: Der einzelne kann nichts. Die geballte Kraft ist alles. Was will Lotter tun gegen so viele? Daran müßt ihr immer denken! Der Kurfürst? – Dresden ist heute weit. Und jetzt ...«

Ein dunkler Haufe wälzt sich lärmend bergab. Ist im Nu vor Lotters neuem Haus. Drängt sich an die Haustür. Sie ist verschlossen.
Das Getöse schwillt und schwillt. Schwillt an wie das Rauschen eines Wolkenbruchs, unaufhaltsam, wird schließlich zu einem mächtigen Chor:
»Wir stehen alle für einen Mann! Wir stehen alle für einen Mann ...«
Und dann: »Mehr Lohn! Mehr Lohn! Mehr Lohn ...«
Lotter hat die drohende Walze auf sein Haus zukommen sehen. Voll dunkler Ahnungen verriegelt er die Tür. Das Blut ist aus seinem Herzen gewichen, vergißt für Augenblicke das Kreisen. Des Baumeisters Hirn muß das Ungeheuerliche der Stunde erst fassen: Meuterei! Aufstand! Auf seinem Bau! Daß er so etwas erleben muß! Erst die Steinhauer, nun die Maurer. Liegt denn ein Fluch auf diesem, seinem letzten Werk? Daß der Schellenberg seit langem gärt, ist ihm nicht verborgen geblieben. Er hat es nicht ernstgenommen. Ebensowenig hat er der unerhörten Forderung der Maurer um mehr Lohn Bedeutung beigemessen. Sie würden auch diesmal murrend ihre Groschen nehmen, heimgehen und sich eingestehen, daß ihr zaghafter Versuch fehlgeschlagen ist. So hatte er gestern noch gedacht. Und nun?
Aber er wird jetzt sein Fenster öffnen, wird mit den Leuten reden. Vielleicht lassen sie sich schneller beschwichtigen, als er meint. Haben nicht auch die Steinhauer nachgegeben?
»Was wollt ihr, Leute?«
»Mehr Lohn! Es liegt an Euch! Arbeiten ohne Knute! Den Daniel laßt frei, der Daniel ist unschuldig! Wir arbeiten nicht mehr zwölf Stunden ...«
So lärmt es durcheinander. Lotter ist das recht. Er zuckt bedauernd die Achseln: »Ich kann nichts verstehen.«
»Ruhe – einer soll reden, nur einer!« rufen sie sich gegenseitig zu. Bis Nicol Hofmann den Arm hebt. Da wird es allmählich still.

Der Obermeister gibt Moritz Gröner einen Wink.
»Der Schösser soll uns auszahlen, was wir gefordert haben: einundzwanzig Groschen statt achtzehn. Und die ...«
»Vom Daniel sollst du zuerst sagen!«
»Ja, den Daniel wollen wir sofort frei haben«, verlangt nun Nicol Hofmann selbst in flammendem Eifer. »Daniel ist unschuldig. Schwencker hat die Rauferei begonnen, hat ihn nicht in Frieden gelassen. Ihr habt beide eingesperrt, ohne nach der Ursache zu fragen.«
»Und nicht mehr bis zum Dunkelwerden arbeiten wollen wir«, schreien zehn, zwanzig Männer.
»Und ohne Knute! Weg mit den Steckenknechten!« überschlägt sich eine heisere Stimme.
Und dann wieder das hundertstimmige »Wir stehen alle für einen Mann! Für einen Mann! Alle für einen Mann ...«
Lotter winkt mit der Linken.
»Ruhe! Er will etwas sagen! Ruhe jetzt!«
»Ihr stellt unerhörte Forderungen, Leute! Was fällt euch ein? Ihr seid zu zwölf Stunden und drei Groschen am Tag in den Dienst genommen – was wollt ihr also?«
»Unsere Kinder hungern! Für Hungerlohn schaffen wir nicht mehr! Ruhe doch! Ruhe!« ruft es dazwischen.
»Andere haben noch weniger als ihr.« Lotters Gesicht bleibt hart. »Und wer rauft, anstatt zu arbeiten«, fährt er fort, »verdient die Rute und gehört hinter Schloß und Riegel! Merkt euch das! Und vergeßt nicht: Ihr seid Untertanen und keine Herren!«
Das Fenster schlägt zu.
Von neuem Lärm. Geboren aus heller Empörung.
»Wir lassen uns nicht unterkriegen!«
»Nein, Leute. Jetzt – oder niemals. Jetzt gilt's! Hört auf mich, euren Meister!«
Wie sturmgepeitschte Wogen schlägt der Schall an Lotters Ohr. »Wir stehen alle für einen Mann! Mehr Lohn! Mehr Lohn ...!« Der Baumeister fährt sich aufgeregt mit den

Händen durch sein graues Haar. »Wenn das Seine Gnaden erfahren!! Macht mir dieses ungebärdige Volk eine Revolte! Es ist kaum zu glauben! Hätte es je schon solche Unverfrorenheit, solche Dreistigkeit gegeben? Was haben wir für verderbte Zeiten?!«

Es klopft an die Hintertür. Lotter schert sich nicht darum. Das wäre noch ..., die Bande ins Haus eindringen lassen! Dann kommt aber Jacob, sein Diener: »Es ist der Schösser, der dringlich pocht.«

»Dem öffne! Er wird doch nicht auch Ränke spinnen?«

Da stürzt Michael Urban Schmid schon herein. Atemlos.

»Lotter – Lotter! Was sagt Ihr dazu??«

»Ich möchte Euch fragen, was das heißen soll, Schösser! Die ganze Meute hier vor meinem Haus ... Aber setzt Euch erst einmal. Ihr keucht ja zum Erbarmen. Und – Ihr blutet an Stirn und Wangen!?«

»Sie wollten mich ... nicht ... durchlassen. Ich wäre ... auch so eine Kanaille, schrien sie. Und zwei Kerle schlugen nach mir ... Daß ich sie erkannt hätte! Sie sollten mir ...«

Er wischt sich das Blut mit dem Sacktuch ab. Und als er sich ein wenig erholt hat: »Ihr hättet's erleben sollen, Baumeister, was sie mir vormachten, als ich ihnen kurzerhand die üblichen achtzehn Groschen auszahlte. Und wer war am schlimmsten? Nicol, der Obermeister. Er läßt zwar gern andere für sich reden, das täuscht mich aber nicht. Der Urheber allen Streites ist er.«

Schmid deutet zum Fenster. »Seht Ihr nicht, wie er auf die Leute einspricht, wie sie um ihn herumstehen, ihm zunikken? Er hetzt. Wiegelt sie auf. Dieser Aufrührer voller Tükken!«

»Wahrhaftig, dort!«

»Seit die Steckenknechte auf Ordnung sehen, treibt er's so toll. Hab's nur bislang nicht ernstgenommen.«

»Man muß vermitteln, die Schwierigkeiten ausgleichen, Schmid!«

»Vermittelt, wenn Ihr wollt. Tragt Eure Haut zu Markte. Ich hol' mir nicht noch einmal eine blutige Nase.«
»Das hat es noch nirgendwo gegeben ...«
»Doch, Baumeister. In den Schneeberger Gruben haben sie auch schon aufgemuckt um mehr Lohn.«
»Wenn hier nicht mit fester Hand eingegriffen wird, kann es Mord und Totschlag geben.«
Bald ist Mitternacht. Noch immer revoltiert draußen die erregte Maurerschar. Lotter hatte geglaubt, sie würden sich bald beruhigen. Er hatte es geglaubt!
Nun sitzt er am Tisch, den Kopf auf seinen Arm gestützt. »Ist die Not in ihren Häusern wirklich so groß, daß sie mit solcher Zähigkeit ausharren? Vielleicht sollte man doch bei Seiner Gnaden versuchen, einen höheren Lohn zu erwirken ...?«
Doch gleich verwirft er den Gedanken wieder. Ihm ist, als hörte er neben sich den Kurfürsten: »Je kärglicher, desto ohnmächtiger, desto willfähriger.«
Antwort genug.
Draußen dauert das Lärmen an. Muß er ihnen einen Bissen Trostbrot geben, um sie loszuwerden?
Er überlegt. Wenn sie nun auch am Montag nicht wiederkämen? Es sind nicht die schlechtesten, die jetzt am Bau sind. Und die Mauern müssen wachsen, kein Tag darf verlorengehen. Seine Gnaden drängen.
Er öffnet das Fenster noch einmal.
»Maurer! Hört, Maurer! Geht jetzt heim! Macht ein Ende mit der Meuterei. Kommt am Montag wieder. Dann wollen wir sehen. Mag sein, daß ihr Not leidet. Ich will euern Landesvater für euch bitten ...«
Mißtrauische Gesichter. »Versprecht Ihr's?«
»Verlaßt euch drauf, ich will es versuchen.«
»Und Daniel?«
»Ist morgen früh frei.«
Als der Haufe sich verlaufen hat, schilt sich Lotter selbst

einen Dummkopf. Wären sie nicht auch so gegangen? War dieses Versprechen nötig? Pah – Versprechen! Ein Ausweg war's, und nun wird er sie zu zähmen wissen ...

Sonntagmorgen.
Nicol Hofmann räkelt sich wohlig in seinem Bett. Er überdenkt noch einmal die Ereignisse des vergangenen Abends.
Wagenrattern.
Nanu – das Gefährt hält vor seinem Quartier.
»He, Nicol Hofmann!« klopft da auch schon der Kutscher an seine Tür.
»Was soll's?«
»Habt Ihr Eure Siebensachen schon beisammen?«
»Wie soll ich mir Eure Rede zusammenreimen, Kutscher?«
»Ich will Eure Habe auf den Wagen laden. Hierlassen wollt Ihr sie doch gewiß nicht, wenn ich Euch heute nach Halle fahre – auf Nimmerwiedersehen.«
Gegen Mittag fährt ein offenes Wägelchen in Richtung Plaue. Lotter hat sich's nicht nehmen lassen, an den Weg zu gehen und dem Gefährt nachzusehen.
Schweigend, kerzengerade und nur mühsam seinen Zorn unterdrückend sitzt der Obermeister neben dem gleichgültigen Fuhrmann. Hinten aufgeschnürt Sack und Pack.
Lotter atmet auf. »*Der* macht mir die Leute nicht noch einmal rebellisch! Seine Gnaden werden es gutheißen, daß ich mit fester Hand eingegriffen habe. Ein Meister findet sich allemal wieder. Ein Spuk also, der gestrige Tag, weiter nichts.«
Weiter nichts.
Warum verstummt dennoch die Unruhe in seinem Innern nicht?

14

12. Oktober.
Weinfest am Kurfürstlich Sächsischen Hof zu Dresden. Es ist früher Vormittag. Die ersten Gäste kommen. Jacob von Wolfen, Seiner Gnaden Kammerdiener, empfängt sie. Der Gastgeber selbst hat noch eine dringliche Unterredung zu führen ...

»Zum Teufel! Hat das Gesindel nichts Besseres zu tun, als Uns mit Betteln und Klagen zu behelligen? Dreimal verflucht, dieses Pack! Erst machen sie eine Meuterei, nun schicken sie Uns schon wieder diese Petition! Ist ihnen ihre Frechheit also zu glimpflich abgelaufen! Wie schreiben sie? ›... in Anbetracht der geschwinden, teuren Zeit und weil gar mancher daheim ein Weib und viele kleine Kinder hat, sehen wir uns genötigt, unseren gnädigen Landesherrn anzugehn um Erhöhung des Wochenlohnes von achtzehn Groschen auf einen Gulden ...‹ Darunter: die ganze Gesellschaft der Maurer allda. Die Maurer, immer wieder die Maurer! Was sagt Ihr dazu, Linar?«
Graf Rochus von Linar, seit kurzem des Kurfürsten Berater, streicht hastig sein Bärtchen.
»Die Maurer machen nur den Anfang, Euer Gnaden, sieht man ab vom Vermaulieren der Steinhauer. Reichen Euer Gnaden nun einmal den kleinen Finger, werden auch die anderen die ganze Hand nehmen. Darauf können Euer Gnaden sich verlassen.«
»Der Zorn könnte einen packen! Wiederum ist es lachhaft! Von ›vielen kleinen Kindern‹ schreiben sie ... Haben Wir die nicht auch? Und verlangen Wir deshalb mehr als den Zehnten? Wir bauen ohnehin teuer genug. Und alles zu des Volkes Wohl!«
»Da Euer Gnaden von ›teuer‹ sprechen! Es liegt mir schon

seit Tagen auf dem Herzen: Mir scheint, auf dem Schellenberg wird nicht nur gefaulenzt, dort wird auch verschwendet noch und noch.«
»Wie wollt Ihr das wissen, Graf Rochus?«
»Der letzte Bericht der Kurfürstlich Sächsischen Rentkammer, Euer Gnaden, spricht eine beredte Sprache. Wenn ich bedenke, wie wenig der Bau erst gediehen ist ... Dagegen die Kosten! Ohne Überhebung, Euer Gnaden, ich hätte für die Hälfte der Kosten mehr gebaut.«
August horcht auf. »Ihr meint wirklich? Freilich, Ihr als Baumeister dürft Euch ein Urteil erlauben.« Und wie zu sich selbst fügt er noch hinzu: »Hätte ich damals vielleicht doch ...?«
Ein kaum merkliches Lächeln spielt um Graf Rochus' Lippen. Es verfliegt, als der Kurfürst sinnend fortfährt:
»Tut Lotter aber nicht auch seine Arbeit? Er versichert Uns stets, er treibe die Leute an, sehe auf guten Fortgang. Und wie er nach dem Aufstand schrieb, macht's ihm das ungebärdige Volk nicht leicht.«
»Sagen kann man viel, Euer Gnaden. Auch die Feder läßt sich geduldig führen. Wenn Lotter strenger durchgegriffen hätte, die Maurer hätten nicht gewagt, Euch diese Petition zu senden. Er denkt, mit dem Fortschicken dieses einen Rebellen sei es getan. Aber nicht nur, daß er sie nicht zu zügeln weiß, Euer Gnaden, ich meine sogar ...«
»Was meint Ihr?«
»Ich meine, Lotter gaukelt Euch Untertänigkeit vor und – steckt mit den Leuten unter einer Decke!«
»Ihr seid kühn, Linar!«
»Hier ein Beweis, Euer Gnaden. Unmittelbar nach der Petition traf dieser Brief ein. Lotter sucht nach um höheren Lohn für die Arbeiter ...«
Augusts Stirn rötet sich so gefährlich, daß Linar zwei Schritte zurücktritt. Was wird jetzt geschehen?
Der Kurfürst schweigt, die Lippen fest verkniffen.
Graf von Linar wird unruhig.

»Ruft mir den Kammersekretarius, Graf!«
Und dann an Jenitz gewandt: »Habt Ihr den Brief an Lotter schon geschrieben?«
»Ich will ihn gerade abschließen, Euer Gnaden. Nur noch, daß jetzt das Schloß anstatt der kleinen, große Fenster bekommen soll, damit die Räume hell und luftig wirken.«
»Euer Gnaden geruhten, meinen Vorschlag aufzugreifen«, flicht Linar ein. August achtet nicht darauf.
»Fügt dem Schreiben einen weiteren Satz hinzu, Jenitz: ›Dein und deiner Leute ungebührlich Verhalten sei diesmal noch verziehen.‹«
»Sehr wohl, Euer Gnaden!«
Jenitz geht.
Linar steht abwartend.
»Genug jetzt davon, Graf. Die Gäste warten. Beiseite mit Sorgen und Kümmernissen, die haben auf dem Fest keinen Platz. Kommt, begleitet Uns!«

»Platz da, Bursche! Über Ihn kann man fallen, eh' Er sich trollt. Mein Braten, mein Braten!«
Der Hofkoch flitzt durch die Küche, ist hier und dort und dort zugleich, schilt und weist an, rührt und kostet, würzt und kostet wieder und wird nicht fertig. Das alte Lied eines jeden Festtages.
Philipp und Hartmann, zwei Küchenjungen, drücken sich in die äußerste Ecke. Sie haben schon dreimal Schelte bekommen, weil sie im Weg herumstanden. Jetzt kneten sie Knödelteig und tuscheln dabei.
»Der Koch tut heute aber wichtig! Dabei hat er nur zwei Hammel und zwei Kälber auf dem Rost. Sind ja auch kaum hundert Gäste da – schließlich ist das Weinfest eins der kleinsten Gelage.«
»Sonst kommen noch mehr Leute?«
»Vier-, fünfmal so viele. Zu Fürstenbesuchen oder anderen großen Festlichkeiten. Du wirst alles noch erleben, Philipp.

Und bist du erst über ein Jahr hier wie ich, staunst du nicht mehr.«
»Wäre der Tag doch erst vorüber, Hartmann! Wenn ich nun etwas verkehrt mache, heute, zum ersten Mal ...?«
»Du darfst nicht so ängstlich sein. Was kann schon geschehen? Wir tragen die Speisen nur zu. Und so täppisch, eine Platte fallen zu lassen, wirst du schon nicht sein.«
Hartmann versteht das Mutmachen. Doch schließlich läßt die Neugier Philipps Herzklopfen verstummen. Er spitzt die Ohren und macht die Augen auf, wenn er an den Speisesaal kommt.

Das ist ein Schmatzen, Schlemmen, Saufen! Ohne Maß fressen die Dickwänste in sich hinein. Und die Weinkrüge kreisen bei Frauen wie bei Männern. Die Mengen, die sie verschlingen! Nie zuvor hat Philipp so viele Speisen und Getränke auf einmal gesehen!
Welche kuriosen Dinge er auch hineinschaffen muß: Aale, Krebse, Elritzen ... Wie das alles wohl schmecken mag?
Reihum müssen die Ämter und Städte den Hof mit »allerlei Essender und Trinkender Ware« versehen. Zu diesem Fest hatte Zwickau Rind und Hammel zu liefern, weil noch ein Rückstand zu begleichen war. Alles andere heranzuschaffen, war Schwarzenberg an der Reihe und verantwortlich. Der Schwarzenberger Schösser hatte alles genau aufgeschrieben:

182 Maß Butter
25 Mandel Eier
81 Hühner
17 Kapaunen
30 Gänse
32 große Körbe Zugemüse
156 Forellen
83 Äschen
388 Krebse
15 Hechte
118 Karpfen
78 Barsche
64 Barben
12 Aale
2 Faß Döbel
1 Faß Schmerlen
1 Faß Elritzen

»Kennst du den Kugelbauch mit dem Melonenkopf?« flüstert Philipp dem Hartmann im Vorbeigehen zu.
Der kennt sich aus. »Das ist der Graf von Hartenstein. Was ist mit dem?«
»Der ist voll!! Zum dritten Mal schon bringt er ein Hoch aus auf das neue Schloß und sagt: ›Zur ersten Jagd dort, da soll es erst zugehen!‹ Horch!«
Aus dem Speisesaal tönt ein vielstimmiges »Hoch! Hoch!«
Später hebt der Kurfürst seinen blinkenden Becher: »Auf die Gesundheit Kaiser Maximilians, des Protestantenfreundes!«
Zufrieden schweift sein Blick in die Runde. Prunkvolle Gewänder! Edelsteine gleißen und glühen! Der Adel des Landes ist heute bei Seiner Gnaden zu Gast. Dem Hofnarren fällt lange nichts Rechtes ein. Erst als ihn der Kurfürst ohrfeigt, reißt er dreckige Zoten.
»Sieh einer an, wie du meine Gäste ergötzen kannst!«
»Wir haben getrunken viel guten Wein, drum reißen wir Possen als wie ein Schwein!«
»Hahahaha! Hahahaha! – Das mag der Göding im neuen Schloß an die Wand malen, damit Wir's nicht vergessen! Hahaha! Als wie ein Schwein ... Aber trinken muß man zuvor, das ist's!«
Die Kurfürstin Anna ist heute nicht mit dabei. Ihr sei nicht wohl, heißt es. Die Kammerjungfern plaudern auch aus, warum: Bald wird wieder ein Kurprinz oder eine -prinzessin das Licht der Welt erblicken. Vielleicht heute noch – oder morgen. Wer weiß! Vater August kümmert das vorerst nicht. Der hat genug zu tun, seinen Bauch vollzuschlagen. Der Wein ist gut, jaja. Ein alter Südwein, Lotter hat ihn geliefert.
Der Wein ist zu gut. Wem ist er noch nicht zu Kopf gestiegen? Außerdem – jeder Gast hatte schon den Willkomm, das sind vierzehn Becher, im Magen, ehe die Tafel begann. Nun sitzen sie schon sechs Stunden lang und denken noch nicht ans Aufhören. Jeder redet wirres Zeug. So wird das keinen beim anderen verwundern.

Nur einer, ein langer, dürrer Mann, hat noch nüchterne Augen: Hans von Jenitz. Sein Blick geht immer wieder in die Runde. Das ältliche Fräulein neben ihm ist seine Tochter Margarete. Ist heute wieder kein Schwiegersohn für ihn dabei unter den hundert Gästen?
»Hartmann, soll das heute gar kein Ende nehmen?« will Philipp am späten Abend müde werden.
»Ein Weilchen mußt du noch aushalten.«
»Woher nehmen sie nur die ungeheuren Mengen, die wir auftragen müssen?«
»Du bist dumm, Philipp. Das sind Gaben des Volkes. Die Ämter und Städte bringen alles ein. Und je mehr Feste, desto mehr wird gebraucht – desto mehr muß einkommen. Pst, da kommt jemand.«
Es ist der Mundschenk. Triefend die Haare, naß das Gesicht, das Wams.
Philipp schaut ihm mit offenem Mund nach. Hartmann lacht: »Dem haben Seine Gnaden wieder einen Becher ins Gesicht geschüttet. Das ist nicht das erste Mal. Nun mach dein Maul wieder zu! Behalte nur die Augen offen, du wirst noch manches sehen heute abend!«
Nicht lange, da beginnen die ersten Händel. Hier wanken zwei aufeinander zu, dort zwei andere. Sie grölen, ziehen die Degen, hauen aufeinander ein. Andere versuchen zu schlichten, werden hineinverwickelt. Becher und Weinkannen klirren zu Boden. Frauen kreischen.
»Wir schlingen den Wein ohn einiges Käuen, drum werden wir grimmig gleich den Leuen!« plärrt der Hofnarr in den Tumult ...
Die Tafel ist aufgehoben.
Der Kurfürst hat auf diesen Augenblick gewartet. Ihm gegenüber sitzt Camilla von Burg, eine der Hofdamen, die seine Begierde stets wachhält. Mit lüsternen Blicken hat er sie längst entkleidet. Ein kostbar schwerer Türvorhang schlägt hinter beiden zu.

15

Eine schnellebige Zeit, dieses sechzehnte Jahrhundert! Kaum, daß ein Winter vergangen ist, steht auch der andere schon wieder bevor.
»Wieviel länger waren die Jahre zu unserer Zeit!« erzählen Großmütter und Großväter und knüpfen manche Erinnerung daran. Die Erfahrung ihrer Jahre läßt sie diesmal einen milden Winter voraussagen. Das tröstet.
Die letzte Ernte war nicht eben schlecht, der kommende Winter mild – das läßt auf eine Zeit ohne sonderlich schwere Sorgen hoffen.
Brosius Utmann flickt Haus und Stallung und pfeift dabei ein fröhliches Lied.
Da wird ein Erlaß des Kurfürsten bekannt: Alle Fronbauern aus Hochenfichte, Metzdorf, Schellenberg, Grünberg, Marbach, Plaue und Hennersdorf haben diesen Winter mit ihren Geschirren auf dem Bau zu dienen – ohne Ausnahme.
»Was nun, Sabina?«
Die junge Bäuerin sieht angstvoll zu ihrem Mann auf. »Jetzt werden sie dich wiedererkennen. Und dann ... Ich mag es nicht ausdenken. Weißt du einen Rat?«
»Nein – und ja. Ich weiß keinen, Sabina, so sehr ich auch schon gegrübelt habe. Ich nicht. Aber den einzigen Rat weiß ich: Haben wir nicht einen Vater im Himmel? Den wollen wir fragen.«

Lotter sitzt und schreibt an seine Söhne.
»... es ist ein solch vermessener, großzügiger, mächtiger und gewaltiger Bau, desgleichen kein lebender Mensch mit einem solchen Grund dermaßen verbunden und verankert, nicht erfahren noch gesehen hat ...«
Der Baumeister lebt im Bann seines Werkes.

Im November hatte er den Bau einstellen müssen. Die Maurer aus Leipzig hatten zuvor noch das Gewölbe des Hauses nach Westen zustande gebracht. In dem halbfertigen Gebäude wohnen die Steinmetze, die er den Winter hindurch beschäftigt. Die Arbeiter für den nächsten Sommer verdingt er schon jetzt. Es darf keinen Aufenthalt geben, sobald das Wetter wieder günstig wird. Wenn nur bis dahin der Brunnen Wasser gäbe! Täglich kniet Lotter dem Oberbergmeister aufs Leder: »Vorwärts, Planer! Nur vorwärts! Seine Gnaden mahnen ständig!«
Hans Martin Planer schweigt dazu.
Sechzig Geschirre hat der Baumeister laufen. Niemand soll ihm vorwerfen, er würde nicht auch für genügend Vorräte sorgen. Er wird den Winter nutzen. Es muß herangefahren werden, soviel auf dem Berg Platz hat!
Jedem Fuhrmann ist seine Tagesmenge vorgeschrieben. Die Wege sind glatt, die Ochsen gleiten aus. So wird es oft spät mit der letzten Fuhre.
Dennoch rasten die beiden Kärrner hin und wieder, die Kalk aus den Plauer Gruben zum Bauplatz bringen. Der Weg geht bergan und bergan. Sie schinden ihre Ochsen nicht.
Es sind zwei junge Burschen. Der eine so auffallend schmächtig, wie der andere groß und stark. Seit Tagen schon fahren sie nebeneinander. Ohne Absicht erst, es ergab sich so. Jetzt aber hält sich der baumlange Jörgen Fleck mutwillig neben dem Kleinen. Der ist ihm gar zu geheimnisvoll. Da steckt etwas dahinter, das muß er ergründen! Schon ein paarmal hat er versucht, ein Gespräch anzuknüpfen. Vergebens.
Vielleicht ist er gar stumm? Aber nein! Einmal hat er ein paar Fragen mit einem kurzen, gebrummelten Ja und Nein beantwortet.
Oder frißt ein Gram an ihm? Jörgen sinniert die ganze Zeit und muß immer wieder das schmale, feine Gesicht ansehen. Es sieht weder vergrämt noch böse aus.

So hat er wohl auch nichts auf dem Kerbholz, wie Jörgen anfangs vermutet hatte. Ob er es heute noch einmal versucht?

»Am Sonntag war ich bei meinem Großvater in Ehrenfriedersdorf droben. Dort erzählt das ganze Dorf eine gar närrische Begebenheit. Willst du sie hören?«

Freundliches Nicken.

»Vor sechzig Jahren, Ende November war's. Da ist Oswald Bartel, ein Schlegelgesell wie der Großvater, aus dem Sauberg nicht wiedergekommen. Verschüttet.

Die anderen Bergleute haben nach ihm gegraben, aber sie haben ihn nicht gefunden. Und obwohl das auch erst ein großes Gerede gegeben hat, so machten andere Neuigkeiten und die Jahre es doch vergessen. Jetzt nun, letzten September, gruben sie einen alten Schacht auf und stießen auf eine Leiche. Denk dir ihr Entsetzen! Glaubten sie doch zuerst an einen Spuk. Großvater war der erste, der den Oswald Bartel wiedererkannte. Geradeso wie damals soll er noch ausgeschaut haben, geradeso! Der Magister hat ihn dann begraben. Nach sechzig Jahren. Hattest du die Geschichte schon gehört?«

Kopfschütteln.

Schweigend gehen die beiden wieder nebeneinander her. Der immer Schweigsame offenbar in Gedanken versunken. Da bricht es mit einemmal aus ihm hervor: »Wie wird es erst sein am Jüngsten Tage, wenn wir alle ...«

Erschrockenes Innehalten.

Jörgen horcht der hellen Stimme nach. Ist es möglich? Sollte das der Grund sein? Er hält sein Gefährt an, ist mit zwei Schritten vor dem anderen.

»Jetzt werde ich dir deine Mütze abnehmen – deine große Mütze, du!«

Der wehrt entsetzt ab. »Nein, nein! Um keinen Preis!«

Da lacht Jörgen Fleck hellauf. Aber es ist ein gutes Lachen. »Endlich weiß ich, warum du stumm warst. Tja, hat auch nicht jeder Mann ein Vogelstimmchen wie du ...!«

Des anderen Augen sind angstvoll und groß. »Wirst du mich verraten?«
»Sag mir das Warum!«
Schweigen.
Da streckt Jörgen ihm die Hand entgegen. »Böses verbirgst du nicht. Und wenn's kein anderer selbst merkt – von mir wird niemand erfahren, was ich weiß.«
Eine schmale Hand liegt dankbar in Jörgens harter, schwerer. Der greift nun schelmisch doch noch nach der Mütze. Hellblonde Flechten glänzen in der Wintersonne.

16

»So stolz, Moritz? Kennst du kleine Leute nicht mehr?«
»Der Fabian! Ja – grüß dich, alter Gesell! War ganz in Gedanken. Und hier hätte ich dich, weiß Gott, nicht gesucht!«
»Glaub's schon, Moritz Gröner. War auch viele Jahre hindurch auf Wanderschaft. Hab' mir die Lande besehen. Bin bei manch einem Meister, gut und böse, eingekehrt und hab' ihm seine Fertigkeiten abgeschaut. Jetzt hat's mich aber doch wieder heimgezogen. Hab' das Erzgebirge allzeit im Herzen behalten. Und die Theres, meine Schwester, hätt'st du sehen sollen! Die ist mit ihren sechzig Jahren in die Höh gehüpft vor Glück. Jetzt hat mich der Lotter als Zimmerermeister in den Dienst genommen. Weil ich ohnehin hierzubleiben gedenke, war mir alles recht.«
»Kennst du den Lotter?«
»In Leipzig habe ich kurze Zeit bei ihm gearbeitet. Vor dem Grimmaischen Tor bei Sankt Johann hat er sich damals ein Haus gebaut. Im Jahre einundvierzig ist das gewesen. Ist lang,

lang her. Er war ein arger Leuteschinder. Ich meine aber, das Alter wird ihm mildere Augen gegeben haben.«

»Hast du gehört von der Meuterei, die wir ihm letzten Sommer machten – machen mußten? Ja? Der Wind hat es weit ins Land hinausgetragen. Daß wir das nicht zum Zeitvertreib gewagt haben, kannst du an deinen zehn Fingern abzählen. Ich will dir weiter nichts sagen, nur – sieh dir an, wie wunde Hände meine Maurer haben. Dabei arbeiten wir erst wieder seit dem zehnten April, das sind noch nicht zwei Wochen.«

»So sehr treibt er sie an?«

»Vergangenes Jahr hat er das üble Geschäft eine Zeitlang nur den Steckenknechten überlassen. Aber dieses Jahr ...«

»Dennoch – der Lotter selbst ist der schlechteste noch nicht, Moritz.«

»Du denkst, weil ihm die Peitsche noch in die Hand fehlt?«

»Nicht gleich hochfahren, Moritz! Laß mich erst ausreden. Die Halsabschneider sitzen am Hofe, glaub mir das. Und Lotter ist zu schwach, zu willfährig, ergeben, zu unmännlich.«

»Vielleicht hast du nicht unrecht, alter Fabian Werner. Hast ja schon immer als ein gescheiter Kopf gegolten. Lotter will dem Kurfürsten alles recht tun. Und daß der drängt und drängt, dabei aber mit dem Pfennig geizt, wissen wir alle. Wir sind jetzt nur dreiundfünfzig Maurer, die sollen dasselbe schaffen wie zuvor hundert. Dabei hat sich der Schlaufuchs die gefügigsten ausgesucht. Daß ich mit hier bin, ist beinahe ein Wunder zu nennen. Aber das Fügen allein macht halt noch keine Meister. Und die braucht er.«

Fabian Werner nickt. »Wie ist's, Moritz, habt ihr mehr Lohn herausgeschunden?«

»Nichts. Keinen Groschen. Kurz darauf haben wir eine Petition mit der gleichen Forderung nach Dresden gesandt, ohne Lotter davon zu sagen. Wieder abgeschlagen. Aber wir lassen nicht nach, verlaß dich darauf. Und wenn der Kurfürst nun auch ›Nein‹ gesagt hat zu unserem Verlangen, statt zwölf nur noch elf Stunden zu arbeiten – auch das nimmt

uns den Mut noch lange nicht. Wenn's auch nicht leicht ist – es muß uns gelingen! Haben unsere Kinder nicht auch ein Recht auf Leben? Müssen wir hungern, damit die da oben im Übermaß schwelgen können?«
Der Zimmerermeister hat nur noch mit halbem Ohr zugehört.
»Dort drüben ist etwas los, die Leute laufen zusammen ...«
Er zeigt nach Osten.
»Dort wird der Grundstein zur Kapelle gelegt. Schlag zwölf Uhr. Es muß bald soweit sein. Komm, laß uns auch hinübergehen. Vielleicht kriegen wir sogar zwei Streithähne zu sehen.«
»Wer soll sich da streiten?«
»Wollen schauen, Fabian. Komm!«

Lotter sitzt in der Schreibstube seines Hauses auf dem Schellenberg. Seine Gestalt ist zusammengesunken, seine Züge eingefallen und fahl. Groß und blicklos die Augen. Seine Gedanken gehen zurück ... Sommer 1567. Die Julisonne liegt warm über dem Land, das nach langer Kriegsnot zaghaft aufatmet. Der Kurfürst ist Lotters Einladung gefolgt. Er ist mit seiner Gemahlin und dem Gefolge des Baumeisters Gast, während er in den Gebirgswäldern Jagd hält. Wichtiger als die Jagd aber scheint ihm diesmal sein Anliegen zu sein, den Meister noch einmal für ein gewaltiges Werk zu gewinnen. Und der sagt ... nein. Kurfürst August will aufbegehren.
»Ich bin allzeit Euer Gnaden untertänigster Diener gewesen und werde es bleiben bis an mein Ende. Aber ich bin jetzt ein Greis, wenigstens den Jahren nach.«
»Aber nach Geist und Leib ein Junger geblieben!«
»Dennoch, Euer Gnaden – ich vermag's nicht. Ich tauge nicht mehr dazu.«
Einen Tag lang bleibt es bei dem Nein. Einen Tag. Ihre Gnaden, die Kurfürstin Anna, baut auf Lotters Zuneigung und

Verehrung. Leise und ungesehen schließt sie die Tür des kleinen Schreibstübleins hinter sich, als sie ihn dort allein weiß.
»Ihr wollt Unserem Herrn und Gemahl seine Bitte abschlagen? Wir können es nicht glauben, edler Meister«, schmeichelt sie. Und als er schweigend verharrt: »Seht, es wird das erste protestantische Gotteshaus sein, das mit dem Schloß zugleich in Unseren Landen erbaut wird. Eine Stätte, mit Gott zu reden, ihn anzubeten im neuen Glauben, mit ihm Frieden zu machen. Ist das nicht ein gottgefällig Werk? Der Segen, den Seine Gnaden, Unser Gemahl, dort empfangen, wird zum Segen werden für ein ganzes Volk ... Habt Ihr nicht Lust, dabei Hand anzulegen? Wollt Ihr, ein gut Lutherischer, etwa diesen Gottesdienst von Euch weisen?«
So wohlklingend die Worte, so herzbewegend.
Lotter findet nur langsam in die Wirklichkeit zurück. Dieser Dienst für Gott war es, der ihm noch einmal überfließende Schaffensfreude gab, der ihn ja sagen ließ. Und nun? Damals, als er erfuhr, daß die Kirche nach Plänen dieses van der Meer gebaut werden sollte, hatte er nur den Kopf geschüttelt. An eine Laune seines Gebieters hatte er gedacht. Das würde er rückgängig machen! Dessen war er ganz gewiß. Bis gestern noch.
Lotter hat dem Landesherrn auch einen Plan für das Gotteshaus übergeben. Dennoch soll es jetzt Wahrheit werden: Sein Werk bekommt ein fremdes Herz. Wird das pulsieren können?
Und der Pulsschlag dieses Herzens heißt – Segen.
»Halt ein, Lotter!« gebietet sich der Alte aufschreckend. »Gott macht seinen Segen nicht abhängig von der Stirn, die ihm ein Haus erdacht hat.«
Er will die Hände falten. Wie schon so oft in diesen Wochen ist ihm dabei, als beschwöre er damit Unsegen herab auf sich und sein Werk.
Was ist es nur, das an ihm nagt?

Schuld steht zwischen ihm und dem heiligen Gott, unvergebene Schuld!
Ach, wenn er doch beten könnte: Vergib uns unsere, mir meine Schuld, wie ich vergebe ...!
»Ich kann nicht«, stöhnt er, »ich kann nicht!«
Nein, er kann dem Niederländer nicht mehr begegnen, ohne das fressende Gift im Herzen wühlen und bohren zu fühlen. Mit vielerlei Kräutlein sucht er sein Gewissen zu stillen. Schuld? Was ist eigentlich Schuld?
Wohl, was ihm Last ist, ihn drückt. Etwa die Not der Leute, durch deren Hände entsteht, was er erdachte? Doch sind Verhältnisse nicht Weltgesetze? Gott hat dem Geist nach Arme und Reiche geschaffen. Vielleicht also auch dem Gut nach? Wie er dem einen ein Pfund gab zum Wuchern, dem anderen zwei und gar drei? Zehn, zwanzig, hundert Fragen – er stellt sie alle umsonst. Die Last läßt sich damit nicht abschütteln, seine Seele will nicht zur Ruhe kommen. Er weiß es nur zu gut: Wenn du zwei Mäntel besitzt und dein Bruder hat keinen, so gibt ihm einen ...
Es klopft an sein Fenster.
»Baumeister, es ist Schlag zwölf!«
Er öffnet. Ein junger Helferknecht steht draußen.
»Ist gut. Dank dir!«
Aber er geht nicht zum Bauplatz. Mag van der Meer den Grundstein legen. Er will nicht dabei sein. Gäste sind nicht geladen, so wird also kein Mensch danach fragen.
Oder räumt er dem anderen damit Rechte ein? Noch mehr Rechte? Die Arbeiter würden *den* vielleicht als ihren Baumeister anerkennen, wenigstens beim Errichten der Kirche. Und ein Wörtchen hat *er,* Lotter, dabei schließlich auch noch mitzureden. Trotz allem! Was also tun?
Er wird sich überwinden, ihm entgegengehen – zum Schein. Denn löscht eine notwendige Geste vielleicht ein Feuer?
»Wer ist der hochgewachsene Schwarzkopf, Moritz?«
»Nimm dich in acht vor ihm, Fabian! Das ist der Niederlän-

der. Van der Meer heißt er. Man kann ihm nicht trauen, er ist undurchsichtig. Nennt sich Unterbaumeister. Lotter und er hassen sich wie die Pest. Kann mir wohl denken, daß der Alte sich fast die Schwindsucht an den Hals ärgert, weil der Fremde ihm mit dem Kirchenplan zuvorgekommen ist! Wundert mich nur, daß der Lotter nicht hier ist. Vielleicht ahnt er, daß sich die Leute auf ein munter Stückchen verspitzt haben.«

Van der Meer vollzieht die Handlung, ohne daß jemand sonderlich darauf achthat. Er spricht dazu niederländisch, obwohl er des Deutschen vollkommen mächtig ist. Mag er fremd reden, sie wissen sich inzwischen anderes zu sagen.

»Wenn das der Doktor Luther wüßte! Die Kirche neben dem Küchenhaus!«

»Hätten besser getan, dem Papst treu zu bleiben ...«

»... da könnten sie ihre Völlerei gleich durch die Wand hindurch beichten ...«

Und plötzlich: »Der Lotter kommt!«

Alle Augen richten sich auf die steinerne Brücke.

Der Alte nimmt seine ganze Kraft zusammen. Aufrecht geht er an den ausgehobenen Grund, sieht auf den eckig behauenen Porphyrblock und – streckt dem Unterbaumeister die Hand entgegen.

Lautlose Stille. Sekundenlang. Oder Minuten, Stunden? Erhardt van der Meer sieht an der welken Hand vorbei. Da flicht Lotter mit weit ausholender Gebärde seine Finger ineinander, hebt sie vor die Brust und senkt langsam, wie demütig sein Haupt.

Die Mittagssonne versteckt sich hinter einem mächtigen, grauen Wolkenberg.

Die Handwerker sehen einander an. Sehen dann auf die beiden Steckenknechte, die neben dem betenden Lotter stehen und mit ihren Peitschen spielen.

Ein Raunen geht durch die Menge.

17

Niemand weiß recht, woher es gekommen ist. Das Gerücht war auf einmal da, züngelte unaufhaltsam weiter: Die Rose! Nein, die Rose! Wer hätte das von ihr gedacht?! Und scheint gar noch damit prahlen zu wollen ...!

Jeder weiß es besser und noch ein wenig dazu.

»Das ist Lüge!« weist Sabina Utmann zurück, was man auch ihr zuflüstert.

Sie sagt es Brosius, als er vom Feld heimkommt. »Rose steht in übler Nachrede. Wenn der Vater nicht daheim ist, soll sie dann und wann einen goldenen Armreif wie die Reichen tragen. Nun kichert man. Matthes sei vielleicht unter die Schatzgräber gegangen. Oder man sagt es rund heraus: Rose hat den Schmuck gestohlen. Wie können wir die Klatschmäuler nur stopfen?

»Mit einer Frage, Sabina: ›Wer hat hier Gold, das einen zum Dieb machen könnte?‹ Du sollst sehen, wie geschwind sie still werden! Möchte wissen, was da einer für Gold angesehen hat, daß er sich solchen Unsinn zusammenreimte! Wenn nur der Matthes die Bosheit nicht erfährt. Wie tief müßte sie ihn kränken!«

Zart rührt der Wind an dem sommerlich warmen Maitag. Er wiegt das Fichtengezweig mit dem jungen Grün und tätschelt das Laub der alten Buchen. Leise regt sich das blühende Gras. Bald ist die Heuzeit heran.

Rose versorgt Herd und Vieh und geht hinaus. Das Haus ist ihr heute zu eng.

Sie lächelt in sich hinein, als sie an die Wiese am Uferrand kommt. Wundersam beglückende Tage – sie jähren sich nun bald ...

Einen Augenblick verweilt sie. Sieht einen Zitronenfalter an der Butterblume nippen. Dann lockt ihn prächtiger Rotklee.

Rose geht weiter bis an den Waldrand, ein kleines Liebeslied auf den Lippen. Hinter dichtem Gebüsch verborgen, läßt sie sich nieder und lehnt sich an einen schlanken Stamm. Der Erde entströmt satter, würziger Duft. Die Schnecke trägt ihr Haus über ein Löwenzahnblatt, malt eine schleimig glänzende Spur.

Rose sieht es. Und sieht es doch nicht. Ihre Gedanken sind weit über die Berge der Heimat hinausgeflogen, hin in eine unbekannte Stadt ...

So sitzt sie lange. Dann knöpft sie ihr Mieder auf und nimmt behutsam ein Kästchen heraus, das sie darunter verbirgt. Ehe sie es öffnet, lauscht sie. Nichts – nur das turrturrturr des Taubers in den Wipfeln.

Dann breitet sie ihren Schatz mit kosenden Händen auf dem Rock aus: ein Brief – ein getrocknetes Vergißmeinnicht – ein funkelnder Goldreif.

Den hat sie schon ein paarmal am Arm getragen. Sie konnte nicht widerstehen. Wenn es nur kein Mensch gesehen hat! Jetzt wird sie ihn aber nicht mehr überstreifen, erst wenn ... Ja, ob er bald wiederkommt?

Wenn sie nur lesen könnte, was in dem Brief steht! Fragen mag sie niemanden. Wen auch? Und redet das Blümchen nicht deutlicher, als es geschriebene Worte können? Er hat mich nicht vergessen! Ist das nicht Freude genug für ein sehnendes Herz? Das Jahr hat verwischt, was Rose zuerst nur allzu deutlich gesehen hat: seine vornehme Kleidung neben ihrem zerflickten Rock, sein Roß und ihre bloßen Füße, seine weichen Hände und ihre arbeitsrauhen. Geblieben ist nur das Gesicht – ein Paar guter Augen.

Er wird wiederkommen, gewiß. Und dann?

Rose blüht im Rausch dieser Hoffnung, seit damals der Bote gekommen ist. Das war, als der letzte Schnee schmolz.

»Das Kästchen zum Geschenk«, hatte er gesagt, als er sie nach ihrem Namen fragte. »Von wem, das mögt Ihr wohl erraten, Jungfer!«

Wieder und wieder hält sie den Reif ins Sonnenlicht. Nie zuvor haben ihre Hände Gold berührt.

Matthes ist froh erregt, als er am Abend heimkommt. »Denk dir, Kind, heute ist es wahr geworden: Wir haben mehr Lohn bekommen!«
»Vater!«
»Ja, freu' dich nur mit mir, mit uns allen, die wir's nicht aufgegeben haben! Die Maurer bekommen drei Groschen mehr, wir Handlanger zwei. Nun, das hilft schon ein Loch stopfen. Es war also nicht umsonst, daß wir zäh geblieben sind!«
»So hat der Kurfürst nun ein Einsehen gehabt.«
»Der Kurfürst? Das scheint nicht so. Der Bauschreiber hat etwas verlauten lassen, obwohl es niemand erfahren sollte. Der Kurfürst sagt zu unserer Forderung beharrlich nein. Den Lotter mag aber das Gewissen gerührt haben. Oder hat er Angst, daß ihm zur Erntezeit alle Leute davonlaufen, wenn sie ihn immer wieder vergeblich angehen? Er soll, wie es heißt, das Geld aus seinem Säckel vorstrecken und will's zu guter Stunde einmal beim Kurfürsten vorbringen.«
»Das sei, wie es wolle, Vater! Heute ist ein Freudentag!« jubelt das Mädchen. »Bald wird für uns vielleicht alle Not ein Ende haben«, denkt sie, und – da sind ihr die Worte auch schon entschlüpft.
»Wie meinst du das?«
Rose hat feuerrote Wangen.
»Ich denke, Vater – ja, vielleicht bekommt ihr ein andermal noch mehr, dann ...«
»Aus freien Stücken macht keiner etwas locker. Wer Geld hat, setzt sich drauf. Das machen die Herren alle, und wenn sie noch so laut von Christi Barmherzigkeit reden. Nur gut, daß sie uns die nicht nehmen können!«
»Du darfst nicht alle über einen Kamm scheren, Vater. Sieh, es gibt auch unter uns Geringen Ungute. So mögen auch nicht alle Reichen hartherzig und habsüchtig sein.«

»Wenn sie uns nicht so aussaugten, gäbe es nur halb soviel Elend im Lande. Du wirst das auch noch erkennen.«
Matthes setzt sich an diesem Abend noch ein Weilchen vor das Haus. Die Weißbachin aus dem oberen Dorf kommt vorbei und bahnt ein Schwätzchen an. Ein Schnattermaul, watschelnd und fett wie eine Ente zur Winterzeit.
Vom Wetter redet sie und von derlei Dingen. Aber sie hat noch mehr auf dem Herzen.
»Wenn man jetzt abborgen will, weiß man, wo das Geld steckt, zu wem man gehen kann!«
»So? Zu wem denn?«
»Tu nicht so, Matthes! Das ganze Dorf weiß es doch, daß ihr jetzt reich seid!«
»Reich?«
»Nun, etwa nicht?«
Matthes lacht laut und schallend. »Gönnst du's uns nicht, Weißbachin?«
Wie, der weiß davon und heißt es noch gut?
Sie zieht ein giftiges Gesicht und macht kehrt.
»Rose«, sagt Matthes, als er hineingeht, »du hast recht. Die Mißgünstigen gibt's heute nicht nur unter den Reichen. Zwei Groschen mehr bekommen – schon ist's herum, und es findet sich ein Neider!«
Rose, die atemlos das Gespräch belauscht hat, nickt erleichtert.

18

»Er kommt! Dort! Geschwind, Caspar!«
»Hast du noch Mut, Gregor?«
»Wir haben uns um das Amt gedrängelt. Nun müssen wir's auch machen. Den Kopf kann's nicht kosten. Hier – gleich sind sie heran!«
Caspar greift nach dem Ende der Schnur und springt auf die andere Seite des Eingangs. Die Handwerker lassen ihr Werkzeug liegen und scharen sich neugierig um die beiden Gesellen. Seit sie wissen, daß der Bauherr wieder kommen soll, warten alle auf diesen Augenblick. Gemessen stolziert der Kurfürst heran. Er ist heute noch prunkvoller gekleidet als sonst. Eine breite Seidenschärpe trägt er um das Wams, die Halskrause ist bauschiger gefältelt, die Ärmel üppig verziert.
»Kleider unterstreichen Würde und Macht«, hatte der Hofschneider schwänzelnd gesagt und zwei Handvoll Gulden eingestrichen. August hat den Bienenschwarm längst summen hören. Er tut gelassen. Lotter dagegen, der einen halben Schritt hinter seinem Herrn geht, ist verwirrt. Bedeutet das Schlimmes? Etwa gar Meuterei? Daß Gott erbarm!
Aber da ist die Schnur. Der Baumeister atmet auf. August wirft einen scheelen Blick in die Runde. »Was soll das?«
»Hält die Schnur den Bauherrn auf ..., Bauherrn auf ...«
Caspar verschluckt sich an seinen Worten. Da tönt es schon vielstimmig aus der Menge:
»... schafft ein Faß ihm freien Lauf!«
Das Summen ebbt ab und wird wieder stärker. Leise zittert die Schnur.
Der Himmel hängt grau und undurchsichtig über dem Schellenberg – wie schon alle Tage in diesem trüben Juni.
»Ein alter Handwerksbrauch, Euer Gnaden«, sucht Lotter die Mißmutfalten seines Herrn zu glätten.

»Bedeutet Glück, Euer Gnaden«, setzt irgendeiner hinzu.
»Glück?« Hm, wenn das wahr wäre? Glück kann man zu jeder Zeit gebrauchen, das wird nie zuviel. Wenigstens für einen Landesherrn nicht.
»Nun, so kauf ihnen morgen zwei Faß Bier, Lotter!« sagt er herablassend und winkt, man möge ihn nun hindurchlassen. Gregor läßt die Schnur fallen. Caspar hält sie noch immer in der Hand. Er hört die Rufe, das Beifallklatschen nur wie aus weiter Ferne. Zwei Faß Bier, die sind nicht zu verachten! Hei, das gibt für jeden einen tüchtigen Humpen! Und wenn sie auch keine silbernen Maße haben – aus den Tonkrügen wird's ebensogut munden. Und er, Caspar, hat die Schnur gehalten!
»Nun?« lacht Fabian Werner, als der Kurfürst und der Baumeister die Tür des Westhauses hinter sich geschlossen haben. »Hat es sich gelohnt?!«
»Der läßt sich nicht so bald wieder sehen«, kichert einer.
»Wir kannten den Brauch auch«, wendet sich Andreas Hermann an den Zimmerermeister. »Wir haben uns nur nicht getraut. Bei diesem Bauherrn – wußte man denn, wie er das aufnimmt?«
»Frisch gewagt, halb gewonnen!«
»Bei billigen Forderungen haben wir alles auf eine Karte gesetzt. Bei einem Brauch aber?«
»Nur nicht zu viel Respekt vor den hohen Herren! Wenn sie auch für uns kein Herz haben, sie sind dennoch nur Menschen wie du und ich. Denkt euch Samt und Seide, Schärpen und Rüschen, alles was sie auf dem Leibe haben, fort – was bleibt da übrig?«
»Leute, der Meister hat recht! An den woll'n wir uns halten!«
»Laßt es aber den Lotter nicht merken«, mahnt Moritz Gröner, »sonst ist der Fabian eines schönen Tages verschwunden wie damals der Nicol. Denkt daran!«
»Daß der Fabian uns zum Schnurspannen aufgemuntert hat, wird er aber doch erfahren.«

»Von wem denn, wenn ihr alle euer Maul haltet? Der Niederländer ist heute nicht da, der Schösser weiß es nicht. Und Joachim Eyßvogel? Der sagt gewiß nichts.«
»Der Zimmerermeister muß morgen zwei Humpen extra kriegen«, ruft einer noch zurück, als sie wieder an die Arbeit gehen.
»Und meinen trinkst du dazu«, sagt Moritz Gröner leise.
»Warum das, Moritz?«
»Weil ich mir's geschworen habe: keinen Tropfen mehr!«
Fabian sieht ihn fragend an.
»Du warst damals wohl schon fort, als es über mich gekommen ist. Wie, das weiß ich selbst nicht zu sagen. Aber ich konnte nicht mehr anders, jeder Groschen blieb im Wirtshaus. Verachte mich deshalb nicht, Fabian. Es ist neun Jahre her. Aber sagen wollte ich dir's dennoch. Ja, ein arger Trinker war ich. Und daheim – fünf Buben und ebensoviel Mädchen. Reim dir also den Vers selbst zusammen ...«
»Das ist nicht schwer. Und dein Weib hat dir gewiß die Hölle heißgemacht, bis du zur Einsicht gekommen bist.«
»Meine Henrike? – Das ist's ja eben! Die hat mich nicht gescholten, nicht ein einziges Mal. Hätte sie das getan, dann wäre ich wohl heute noch der alte. So aber ... Die Henrike ist stillgeblieben, ob ich nun angetorkelt kam oder ob sie mich heimschleifte, wenn ich auf der Straße lag. Dann und wann bin ich zeitiger gekommen. Schon um Mitternacht oder noch ein wenig früher. Und habe gesehen – wie sie kniete und betete. Zuerst hat mich das rasend gemacht. Und später habe ich mir geschworen: Keinen Tropfen mehr! Keinen! Und hab's gehalten bis heute. Anfangs haben sie mich verspottet. Seit ich's im Handwerk zum Meister gebracht habe, tut das keiner mehr. Wem es kein Laster ist, nun der mag trinken. Vielleicht verstehst du mich, Fabian.«
Der legt ihm fest die Hand auf die Schulter: »Bleib mein Freund, Moritz!«

Lotter führt den Kurfürsten inzwischen durch die halbfertigen Gebäude.
Ist heute die Stunde da? Soll er es rundheraus sagen: Ich habe für Euer Gnaden einen Betrag vorgestreckt, habe den Leuten mehr Lohn bezahlt aus meiner Tasche, weil mir das Gewissen keine Ruhe ließ ...?
Nein, über den Beweggrund wird er ohnehin besser schweigen. Und nicht mit der Tür ins Haus fallen, sagt eine alte Regel. Also wird er einen kleinen Umweg gehen. »Euer Gnaden große Freundlichkeit wird die Leute williger denn je arbeiten lassen. Die beiden Fässer machen sich bezahlt! Die Taglöhner können sonst an Bier kaum denken, wenn nicht Weib und Kinder dafür darben sollen.«
August verzieht keine Miene, schaut hierhin und dorthin in den Gemächern, betrachtet die Gewölbe, öffnet ein Fenster und schließt es wieder.
»Ich konnte es bislang nicht recht glauben, Euer Gnaden«, fährt Lotter bedächtig fort. »Seit ich aber in ein paar Familien hineingeschaut habe – durch Zufall, Euer Gnaden ... Es geht wahrhaftig ärmlich zu bei diesen Frönern. Die Kinder nicht viel auf dem Leib, nichts im Magen ...«
»Was soll das lange und breite Gerede, Lotter?!« fährt August da unwillig herum. »Willst du mir etwa schon wieder kommen mit deiner leidigen Lohnerhöhung? He! Ein für allemal – ich mag nichts mehr davon hören. Merk dir das! Du spielst dich nachgerade auf als Fürsprecher!«
Der Kurfürst sieht geringschätzig auf den zerknirschten Baumeister herab. »Ärmlich geht's bei denen zu, sagst du? Hahaha! Dafür sind sie ja Tagelöhner! Soll's etwa reichlich bei ihnen zugehen, sollen sie leben wie die Fürsten, daß sie sich schließlich noch mehr herausnehmen, wie sie schon tun? Wo sollte das hinführen?«
»Ich dachte, Euer Gnaden ...«
»Wenn sie dich wieder einmal um mehr Lohn angehen, sage ihnen, sie sollen sich ihre Kinkerlitzchen aus dem Kopf

schlagen! Sie sind zum Arbeiten da; nicht, daß sie sinnen, wie sie den Landesvater schröpfen!«
August stampft mit dem Fuß auf, um seiner Rede Nachdruck zu verleihen.
»Jawohl, Euer Gnaden«, stammelt Lotter, »aber ich wollte ...«
»Behalt für dich, was du wolltest«, grollt August, »laß uns von wichtigeren Dingen reden. Ich habe die Zeichnungen noch einmal studiert. Die Türen in den Sälen sind mir zu klein. Als Baumeister hättest du von vornherein bedenken müssen, daß sie nicht gleichzusetzen sind mit denen der anderen Gemächer. Eine Elle breiter, eine halbe Elle höher!«
»Erlauben mir Euer Gnaden untertänigst zu bemerken: Neun Türen sind in den verschiedenen Sälen bereits fertiggestellt ...«
»Auch die werden vergrößert!«
»Das wird bei dem starken Mauerwerk aus Quadersteinen Zeit – also Geld – kosten. Auch die Fenster nach Euer Gnaden Wünschen zu vergrößern, war ein gewaltiges Stück Arbeit.«
»Pah! Zeit! Arbeit! – Was tut das? Ich wünsche die Änderung. Punktum. Du hast genug Kurfürstlich Sächsische Untertanen im Lande wohnen, die du dir heranholen kannst.«
»Es wäre gut, an Ort und Stelle noch einmal zu beraten«, schlägt Lotter bescheiden vor.
»Gut, gehen wir in den Großen Saal«, willigt August ein. Befremdet sieht er sich dort um.
»Wie – die Türen hier und dort in der Mitte? Sie sind in der Zeichnung seitlich vorgesehen!«
»Euer Gnaden wissen gut Bescheid«, duckt sich Lotter. »Ich habe es in diesem Saal jedoch für zweckmäßiger angesehen ... Ich hoffe, diese günstige Veränderung wird Euer Gnaden Beifall finden!«
»Du hieltest es für besser? Du?? Der du nun jahrelang schon für Uns baust, weißt es genau: Über jede Veränderung entscheiden Wir allein, Lotter! Über jede! Wir allein!! Danach

hast du zu fragen. Da macht Unser prächtigstes Schloß erst recht keine Ausnahme!« Der Kurfürst ist außer sich. »Und wenn's um einen Floh geht ... Wir sind der Herr! Wir müssen in Zukunft ohnedies besser darauf sehen, was hier vor sich geht. Wenn ich zum Fenster hinausblicke: Das Haus nach Süden ist ein Stück gewachsen, ja. Aber alles andere, die Torhäuser, das Gotteshaus, das Nordhaus an der Linde – alles noch nicht fertig! Dagegen die Mittel! Du ziehst mir das ganze Geld aus der Tasche und bringst doch nichts fertig.«

Der Baumeister ist kalkweiß geworden. Noch bei keinem Bau hat er seinen Gebieter so unzufrieden gesehen wie hier. Hat er das verdient?

Er zittert am ganzen Leib. Seine Kräfte sind nicht mehr die wie vor zwei Jahren. Er läßt sie auf diesem Bau.

Kurfürst August kümmert es nicht, was in dem Alten vorgeht. Ein Herrscher muß kaltblütig sein, das ist sein erstes Gebot.

»Für die Hälfte der Mittel wäre mehr zu schaffen gewesen!«

Lotter ist die Kehle wie zugeschnürt.

»Euer Gnaden«, würgt er endlich hervor, »Euer Gnaden ...!«

Das kleine Aufbegehren ertrinkt in gewohnter Unterwürfigkeit: »Ich bin allezeit meiner hohen Obrigkeit zu dienen schuldig. Selbst wenn ich dabei Nachteile und Schaden erleide. Ich werde alles daransetzen, Euer Gnaden künftig zufriedenzustellen.«

»Das will ich hoffen!«

19

Für Rose ist der Sommer ein Hoffen und Warten. Auf hundert Weisen denkt sie sich aus, wie es sein wird, wenn Hieronymus kommt. Sie flüstert den Namen vor sich hin, sieht im Traum den Braunen herantraben …

Darüber ist der Juni verblüht und der Juli vergangen. Jetzt ist die Erntezeit heran.

Es wogt das Meer der reifen Halme im Sommerwind. Zufrieden lassen die Bauern dicke Ähren durch ihre Finger gleiten: ein fruchtbares Jahr, dieses Jahr 1569. Eins nur beschwert ihre Gemüter. Gerade jetzt müssen sie mit ihren Gespannen wieder für den Schloßbau da sein. Wieviel, nein – wie wenig Zeit bleibt ihnen da zum Einfahren? Morgens eine Stunde und abends eine. Die Ernte wird sich diesmal lange hinziehen.

Mancher hat deswegen schon einen Fluch zwischen den Lippen zerdrückt. Dem Lotter kann es aber auch gar nicht schnell genug gehen mit dem Bau! Immer mehr Leute holt er heran. Es sollen jetzt schon dreimal so viele sein wie im vergangenen Sommer. Bis aus Leipzig hat er wieder Handwerker herbeordert und bis aus dem oberen Gebirge. Allein aus dem Amt Lauterstein sind seit einer Woche an die zweihundert Handfröner da.

Und für die vielen Hände muß viel herangeschafft werden, wenn sie etwas zuwege bringen sollen.

Strafe ist den Bauern angedroht, die sich Lotters Aufforderung widersetzen.

Rose ist der Alltag weit entrückt in eine blasse Ferne, obgleich sie mitten hindurchgeht.

Freilich, Brosius kann ihnen diesmal den Schwarzen nicht leihen. Alle Arbeit wird doppelt mühsam sein. Wie klein aber ist das alles im Licht der Hoffnung.

In aller Herrgottsfrühe schon geht Matthes Korn schneiden.

Jeden Morgen einen Streifen, ehe das Tagwerk auf dem Schellenberg beginnt. Auch heute wieder. Rose versorgt das Haus und treibt die Ziege auf die Weide. Dann bindet sie Garben auf dem Feld.
Sie schafft mit frohem Mut und flinken Händen. Als die Sonne im Mittag steht, hat sie ein gutes Stück hinter sich gebracht. So dehnt sie die Rast länger aus als an anderen Tagen. Aus Kornblumen und Klatschmohn bindet sich Rose einen Kranz, wie sie es als Kind getan hat. Sie setzte ihn damals aufs Flachshaar und lief zur Mutter. »Bin ich schön?« Heute legt sie den Kranz neben sich auf den Feldrain. Mücken schwirren, Hummeln brummen. Schwebfliegen holen sich Nektar aus den leuchtend blauen Sternen der Wegwarte. Wie sie ihnen nachsieht, entdeckt sie einen Strauch von der seltenen weißblühenden Art. Schnell bricht sie einen Zweig und legt ihn auf den Kranz. Es heißt, wen man damit berührt, dessen treue Liebe bewahrt man sich ...
Im Wildkirschengesträuch, drüben am anderen Rain, singt eine Lerche ihr dididrieh-dididrieh-drrieh ...
Das Mädchen lauscht. Ihm ist, als schwinge Wehklage in des Vogels Lied. Vielleicht hat der Vater ein spätes Nest zerstört? Rose schleicht sich hinüber.
»Dididrieh-drrieh ...« Jetzt klingt es lockend und froh. Es raschelt im dichten Gezweig. Gleich wird sie in die Lüfte steigen.
Nein. Die Lerche verstummt.
Die Lerche?
Vor Rose steht lachend – Hieronymus.
Starr und stumm sieht das Mädchen ihn an. Muß das Herz nicht auch stocken, wenn sein »Komm, komm, komm ...« zum Zauberwort geworden ist?
»Ich habe dich erschreckt!« stammelt der Mann betroffen. Rose schüttelt den Kopf. Der Schreck allein lähmt sie nicht. Eisige Nüchternheit hat sie befallen in dem Augenblick, den sie Stunde um Stunde herbeigesehnt, den sie sich voller

Jubel ausgemalt hat. Hieronymus erscheint ihr noch vornehmer gekleidet als im letzten Jahr. Alles Trennende, das sie weggewischt glaubte, ist wieder da. Eine breite und wuchtige Mauer. Unerreichbar hoch steht der junge Hieronymus Lotter vor dem Häuslerkind. Auch dann noch, als er die Schluchzende an seine Brust nimmt. Lange stehen sie so. Zart streicht seine weiche Hand über des Mädchens Blondhaar. »Rose«, bittet er schließlich. Wie damals. Sie sieht traurig zu ihm auf.

»Freust du dich gar nicht?« fragt er behutsam.

»Oh, Herr, wäret Ihr doch arm wie ich ...!«

»So fremd, Rose? Einmal hast du mich schon beim Namen genannt. Nach der Mutter hat ihn keiner so ausgesprochen wie du.« Und ehe er ihren Mund berührt: »Sei wieder fröhlich, mich verlangt nach deinem Lachen, nach ein wenig Glück! Komm!«

Doch die Tränen versiegen nicht, quellen unter den geschlossenen Lidern hervor. Hieronymus schmeckt ihre Bitterkeit.

»Sag mir, warum bist du so traurig?«

Sie will sich aus seinem Arm losmachen. Er drückt sie um so fester an sich. »Für die Stunden gehörst du mir!« Er nimmt sein weißes Seidentuch und trocknet ihre Tränen. Rose öffnet den Mund zu einem kleinen Lächeln. In ihren Augen aber bleibt die Traurigkeit.

»Stunden«, sagt sie langsam, »Stunden! Und dann wird ... alles ... vorüber sein ...«

»Oh mein Röslein du«, lacht er da jungenhaft. »Jetzt lockst du mir ab, was ich mir zum Abschied bewahren wollte, zum Abschied für diesen Sommer: Ich werde wiederkommen, und dann – nehme ich dich mit!«

Rose schüttelt den Kopf. »Wir sind Fröner«, sagt sie tonlos.

»Dennoch! Laß mich nur sorgen! Du mußt mein bleiben. Ich kann nicht sein ohne Wärme, ohne ein aufrichtiges Herz in dieser Welt voller Trug und Schein. Laß mich nur sorgen.«

Roses Herz will zerspringen. Wenn es wahr würde? Doch da ist der Schatten wieder. »Ich war niemals in einer Stadt ...«
»Gerade deshalb wird es dir gefallen. Unser Haus aber soll zwischen Wiesen und Feldern stehen, dort, wo du dich heimisch fühlst und wohin es mich zieht. Ich habe mir im Winter alles ausgedacht.«
»Und der Vater?« fragt das Mädchen leise.
»Auch für deinen Vater wird gesorgt, Kind.«
Feuer und Wasser, arm und reich – ein kühnes Unterfangen, sie vereinen zu wollen!
Hieronymus verschließt seine Augen vor allen Hindernissen. Sein Blut rauscht in den Ohren. Er sieht das Mädchen vor sich. Sieht die Augen, die keine Falschheit zeigen, sieht einen jungen roten Mund. Er fühlt den geschmeidigen Körper und lauscht dem Herzen, von dem er weiß, es gehört nur ihm allein.
Was sind da Rang und Namen? Rose selbst in ihrer Natürlichkeit wird alle Vorurteile zunichte machen, meint er. Und sagt: »Du bist noch schöner geworden!« Er kann sich nicht satt sehen. Das Rot ihrer Wangen vertieft sich.
»Hast du an mich gedacht?« will er wissen.
»Tag und Nacht. Immer habe ich Ausschau gehalten nach dem Braunen. Ich wollte den Reif tragen, wenn Ihr ..., wenn du ...«
»Gefällt er dir?«
»Er ist wunderschön. Wie für eine Prinzessin. Tausend Dank, Hieronymus!«
»Morgen kannst du ihn tragen.«
Der Tag ist voller Sonne. Der junge Lotter vergißt, daß sein Vater ihn vermissen wird; ist er doch zu dessen Hilfe hergekommen.
Er sitzt mit dem Mädchen am blühenden Rain. Die Büsche schirmen sie ab gegen neugierige Blicke von den Feldern ringsum.
Er zeigt Rose ein Blatt Papier, das er sorgsam verwahrt bei sich trug. Ein Mädchenkopf, kunstvoll gezeichnet.

»Ja, das bist du«, freut er sich über ihre staunenden Augen. »An einem einsamen Winterabend habe ich dich gemalt. Und wer ist das?« hält er ihr ein anderes Bild vor.
»Ich weiß es nicht.«
»So wirst du aussehen, wenn du städtische Kleider trägst.«
Rose greift danach.
»Das darfst du behalten. Das andere aber gehört mir, solange ich dich noch entbehren muß.«
Lange Schatten schleichen sich auf die Stoppeln.
Da besinnt sich das Mädchen auf seine Arbeit.
»Ich helfe dir dabei«, springt Hieronymus auf.
»Nein, das darfst du nicht.«
»Traust du mir's nicht zu?«
»Nicht deshalb. Aber die Leute. Sie würden arg reden. Bleib hier hinter den Wildkirschen.«
Er greift nach ein paar kleinen, glänzendschwarzen Früchten und wirft sie spielerisch in die Höhe.
»Dürfen sie nicht wissen, daß einer dich liebhat?«
»Noch will ich's ganz für mich behalten.«
Eine Ammer tickt in den Wipfeln.
Vergessen liegt der Kranz am Feldrain, vergessen die weiße Wegwarte.

20

»So eine Höllenhitze schon jetzt am Morgen! Heiliger Hieronymus, wer soll die aushalten?«
»Uuaah«, gähnt Maximilian, »na, wollen's uns erträglich machen. Den alten Hieronymus solltest du aber nicht gerade herzitieren. Weißt ja, wie es dem Bartel damals ergangen ist.«
Die beiden Steckenknechte dehnen sich wohlig im Moos, die Hände unterm Kopf.

»Der gestrenge Herr Baumeister wird es auch vorziehen, seine Knochen im Kühlen auszustrecken, anstatt nach uns zu sehen. Den kümmert der Bau heute nicht – der ›Bau zur Ehre Gottes‹! Haha!«

»Hab' noch einmal tüchtig mit der Peitsche gefuchtelt, ehe ich herkam. Ist aber ohnehin ein Hetzen und Jagen auf dem Bauplatz, einer treibt den anderen.«

»Hast recht. Da kommen die Karren angerattert, und die Handlanger raffen auch schon. Vorrat sieht man seit langem nicht mehr.«

»Uns soll es recht sein. Wenn sich der Kreisel von selber dreht, haben wir keine Mühe damit.«

»Mag sein. Manchmal kommt mich aber doch der Tatendurst an. Haben lange keine Fetzen fliegen sehen!«

»Und lange keinen Tropfen Blut gerochen. Kruzitürken! Wahrlich eine Schande!«

»Eine Schande und ein Jammer. Nun, es soll schon wieder anders werden!«

»Gestern hatte ich auch so recht ein Lüstlein danach. Hätte auch beinahe ein freches Bauernmaul gestopft. Aber da kam der Schösser ...«

»Und hat dir die Arbeit abgenommen?«

»Bewahre! Gütlich wollte er diese Sache beilegen, wie er sagte, der – der Angstfrack! Die Bauerntölpel geilten um Wasser für ihr Vieh! Was gehört ihnen da? Die Schnauze voll, weiter nichts.

Aber der Schmid näselte, sie sollten die Ochsen im Tale tränken. ›Bedenkt‹, sagte er, ›hier oben wird jeder Tropfen gebraucht, damit der Bau vorankommt, der Bau zum Wohle des ganzen Volkes.‹ – ›Wie lange heißt es schon, daß der Brunnen nun bald Wasser gibt?‹ murrten sie. Und er beschwichtigte sie wie Wickelkinder. Lachhaft!«

»Ich glaube, es hätte mich an deiner Stelle auch in den Fingern gejuckt.«

»Wird sich schon wieder mal Gelegenheit finden.« Moritz

zieht eine Flasche aus dem Wams und setzt sie an die Lippen. Dann reicht er sie gönnerhaft seinem Kumpan.
»Und nun laß uns ein Stündchen nicken oder zwei«, gähnt er, als er sie wieder einsteckt.
»Horch, Moritz, geht es nicht recht laut zu auf dem Bau?«
Der lauscht. »Da geht's keinen Tag still her. Das müßtest du bald wissen.«
»Aber so hör doch mal genau hin ...«
»Du irrst dich. Da ist nichts Besonderes. Vielleicht träumst du auch schon.«
»Kann sein.«

»Es bleibt dabei: Keiner fährt mir heim!« Lotter spricht scharf und drohend.
Der Haufe Kärrner zeigt in Richtung Westen. Über den waldigen Höhen türmt sich schwarz und wuchtig ein Gebirge.
»Seht Ihr das Wetter nicht stehen, Baumeister?«
»Was, Wetter! Es wird so arg nicht werden. Noch ist der weite Himmel hell.«
Sie lassen sich nicht täuschen. »Wenn wir das Korn noch bergen wollen, ist's hohe Zeit!«
Eine Zornesfalte legt sich über Lotters Stirn. »Die Steine, der Sand – das wird gebraucht. Basta! Womit sollen die Handwerker bauen? Das Schloß muß wachsen, wachsen ...!«
Seine Stimme überschlägt sich fast.
»Ist schon genug, daß wir tagaus, tagein jetzt fahren müssen!«
»Wir bringen unser Korn ins Trockene, wenn's noch zu schaffen ist!«
»Um so reichlicher fällt der Zehnte aus!« höhnt einer.
Die blauschwarze Wand wächst, wälzt sich unaufhaltsam heran. Ein Aufleuchten in der Ferne. Dumpfes Rollen. Es geht unter in der Erregung der Menge. Dennoch wagt keiner, den Anfang zu machen.
»Wo sind die Steckenknechte, zum Teufel!« zischelt Lotter

und sieht sich um. Nichts. Aber einen braunen Schopf entdeckt er an der Steinbrücke.
»Hieronymus wird mir helfen«, denkt der Alte. »Vielleicht hören sie auf ihn.«
Er winkt. Und winkt noch einmal.
Hat ihn der Sohn unter den Kärrnern nicht erkannt? Dort, wo noch ein Rest des alten Torhauses steht, schwenkt er ab. Aber hat er sich nicht ganz scheu noch einmal umgesehen?
»Weichling!« Der Vater spuckt aus.
Die Bauern knurren. Wem anders galt das als ihnen? – Wie der Qualm eines mächtigen, unübersehbaren Brandes quillt es jetzt von Westen über den Himmel. Blitzflammen züngeln. Dunst verschlingt das weite Land, macht es erdrückend eng. Wind kommt auf. Westwind.
Die Bauern kennen sich aus. »Gnade uns Gott!«
Lotter bahnt sich einen Weg durch die Gefährte, hin zur Bauhütte.
»Wo sind die Steckenknechte? He, Schösser? Und Ihr laßt Euch auch nicht sehen! Seht Ihr denn nicht, daß mir die Kärrner auf und davon laufen?«
Michael Urban Schmid tut verwirrt. »Was ist? Was ist? Ich komme schon, Lotter, ich komme schon ...«
Die Kärrner nutzen den Augenblick. »Los, Leute! Heim! Und das Korn geborgen!«
Sie fahren – jeder in seine Richtung.
»Hühott!« nötigen sie die Tiere zu höchster Eile. – Lotter knirscht mit den Zähnen.
»Die Steckenknechte her, sage ich! Holt sie! Sofort! Wo treiben die sich herum?«
Die Karren rumpeln.
Der Wind wird zum Sturm. Die Kärrner haben den Schellenberg kaum hinter sich. Aber noch hoffen sie, etwas unter Dach und Fach bringen zu können.
Ein kleiner, schmächtiger Fuhrmann mit einer viel zu großen Mütze lenkt seinen Karren auf Metzdorf zu. Schweiß

tropft von seiner Stirn. Er hat die Hohenfichter Flöhafurt erreicht.
»Hü, Schwarzer!«
Der Ochse will nicht durch das Wasser. Verzweifelt zerrt der Bauer an der Leine. Umsonst. Was ist in das Tier gefahren? Es rührt sich nicht vom Fleck.
Das »Hü!« geht unter im Pfeifen und Heulen des Sturmes. Nacht senkt sich über die Erde. Nachtdunkel, jetzt am Vormittag. Ein Blitz zerreißt den Himmel. Der Fuhrmann zuckt zusammen, duckt sich unter dem Donner, der über ihn hinwegknattert.
Als er aufsieht, steht drohend ein Reiter vor ihm. Wie aus der Erde gewachsen.
»Los, zurück!« belfert der Steckenknecht. »Ihr Gesindel, ihr Taugenichtse! Wo sind die anderen, he? Rede!«
Blitzen – Krachen und Bersten.
»... nach Kalk habt ihr zu fahren, nach Steinen, nach Sand ...«, schreit der Rasende. »Was fällt euch ein, ihr Pack?!«
Der Bauer zeigt stumm himmelwärts.
»Haha! Angst vor einem Wetterchen, vor einem Regentröpfchen! Haha! Los, zurück!«
Als sich der Mann nicht anschickt, versetzt er ihm einen Tritt vor die Brust.
»Gebt den Weg frei!« nimmt der Bauer alle Kraft zusammen und schreit gegen den Sturm.
Da saust die Peitsche. Erst auf den Schwarzen, dann dem Fuhrmann ins Gesicht.
Ein Aufschrei – ein jäher, greller Blitz –, das Pferd bäumt sich auf und sprengt davon.
Der Ochse rast in panischer Angst ins Wasser. Ein paar Schritte folgt ihm der Fuhrmann, dann sinkt er zusammen.

Brosius Utmann und Andreas rinnt der Schweiß vom Körper. »Junge, hör auf«, mahnt der Vater. »Gehe zu den Mädchen. Ich schaffe es nun allein.«

»Ich helfe dir, Vater!«
Das Kind arbeitet unverdrossen, trägt mit dem Vater Garben vom nahen Feld in die Scheuer. Es ist Utmanns größtes Stück Korn. Werden sie alles bergen können, ehe der Himmel aufbricht?
Der Sturm zaust die Getreidepuppen. Brosius und das Kind müssen gegen ihn anrennen. Garbe um Garbe schleppen sie. Der Ochse? Sie haben einen und doch keinen.
»Vater, noch eine Reihe!« schreit Andreas.
Sie rennen, keuchen, jagen zurück aufs Feld, packen Garben. Fünf, sechs jetzt der Vater, zwei der Junge.
Es ist Vormittag. Dennoch wird es Nacht. Blitz – Donner! Und wieder Blitz! Jäh und grell! Ohne Pause.
Zehn Puppen noch auf dem Feld ...
Andreas will eine Garbe aufheben. Der Vater packt ihn, daß es schmerzt und zieht ihn mit sich fort, ins Haus. Hagelschauer – Feuer am Himmel. Die Erde ist weiß von Eiskörnern.
»Gnade uns Gott!«
Ängstlich klammern sich die kleinen Mädchen an den Vater. Andreas sieht fragend zu ihm auf.
»Die Mutter ...? Sie ist in des Heilands Hut, Junge. Hab keine Sorge.«

21

Dieser Monat August beschwerte Lotter mit so manchen Ärgernissen. Heute endlich erfüllt ihn wieder einmal Freude: Das Küchenhaus ist fertig. Er kann es seinem ungeduldigen Herrn melden.
Als der Arbeitslärm schweigt und der Bauplatz einsam liegt, geht der Baumeister hinauf. Es treibt ihn, mit seinem Werk

stumme Zwiesprache zu halten. Mit den Steinen ist besser reden als mit Menschen.
Er schaut am Mauerwerk empor und lächelt. Sein Bau! Sein letzter Bau – er hat ihn viel gekostet bis heute. Rar sind die Tage ohne Streit. Ein kostbares Geschenk ist ihm deshalb der heutige. Er wird ihn beschaulich enden. Ein kleiner Rundgang noch – dann erquickender Schlaf. Lotter sehnt sich nach der Ruhe. Nicht alle Nächte wird sie ihm zuteil. Jeder Tag aber fordert neue Kraft. »Morgen werde ich sie haben«, denkt er.
Als er heimkommt, wartet sein Sohn auf ihn. Lotter stutzt. Was will er zu so später Abendstunde?
»Habt Ihr ein Stündchen Zeit für mich, Herr Vater? Ich hätte mit Euch zu reden.«
Lotter verbirgt seinen Unmut und weist auf die geschnitzten Lehnstühle am Tisch. »Ja, mein Sohn ...?«
Hieronymus spricht nicht gleich, als sie sich gegenübersitzen.
»Nun?« mahnt der Vater unruhig.
»Es ist ..., ich möchte Euern Segen erbitten. Ich möchte Euch meine Hausfrau zuführen«, sagt der Junge darauf ohne Umschweife. Er spricht hastig und atmet erleichtert auf, als er die Worte heraus hat.
Der Baumeister ist überrascht. Seine Züge entspannen sich.
»Das ist recht, Hieronymus. Es ist Zeit dazu mit deinen dreißig Jahren. Ich warte schon längst darauf. Wer ist sie denn?«
Der junge Hieronymus nimmt ein Bild aus seiner Brusttasche im Wams und legt es vor den Vater hin.
Der besieht es lange und schneuzt sich umständlich. Bedächtig entzündet er noch drei Kerzen an den schon brennenden.
»Hmhm«, schmunzelt er und hält das Bild immer wieder in den Lichtschein. »Jung scheint sie noch zu sein«, sagt er schließlich, »sehr jung. Kennst du sie schon lange?«
»Ein Jahr, Herr Vater.«
»Und sprachst mir nie davon? – Kenne ich ihre Familie? Mir sind alle guten Häuser in und um Leipzig bekannt.«

»Dort sucht Ihr sie vergeblich.«
»Du machst mich neugierig!«
»Gefällt sie Euch, Herr Vater?«
»Wie soll sie nicht? Sie hat Ähnlichkeit mit deiner Mutter. Wenn du sie mit nüchternen Augen gemalt hast, fehlt ihr nur das Krönchen auf dem Flechtenkranz. Dann ist sie eine ... Fee.«
Hieronymus' Augen leuchten.
»Ist sie gar von Adel?« forscht der Vater.
»Dem Namen nach nicht, nein. Aber darauf spekuliert Ihr gewiß nicht ernsthaft, Herr Vater.«
»Nein, nein. Deine Mutter hieß auch nur Katherina Bauer und hatte doch ein ansehnliches Vermögen.«
»Das hat meine Braut nicht.«
»So? – Was hat sie dann?«
»Ein goldenes, warmes Herz, Herr Vater. Mein mütterlich Erbe ist nicht klein. Da darf ich auf eine Mitgift gut und gern verzichten.«
Lotter runzelt argwöhnisch die Stirn.
»Klipp und klar sage mir jetzt, wer das Mädchen ist!«
»Rose ist die Tochter eines Eurer Fronarbeiter. Erbittet beim Kurfürsten eine Gunst für mich: Ich will beide freikaufen.«
Keines Wortes mächtig, stiert der Alte den Sohn an. Er öffnet den Mund, schließt ihn, öffnet ihn wieder. Kein Laut.
Unruhig flackern die Kerzen.
Erst nach langen Minuten: »Du bist von Sinnen!« Und auch das nur ein Stammeln.
Der Sohn ist aufgestanden. Groß und kräftig steht er vor dem greisen Vater und sagt mit klarem Blick:
»Ihr irrt Euch. Ich spintisiere nicht. Es ist mein Ernst.«
»Du rühmst dich noch deines gesunden Verstandes?« braust der Baumeister da auf. »Du willst meinem ehrlichen Namen solche Schande antun? Nach wem bist du geraten?«
Ein kleines Atemholen, dann fährt er ruhiger fort: »Nein, du

wirst das nicht tun. Niemals werde ich es zulassen. Aber schon, daß du dich unterstehst, mir mit solchem Ansinnen zu kommen ...! Wahrhaftig, du schonst deines Vaters Gesundheit sehr. Bist du wert, daß du mein Sohn heißt?!«
»Habt Ihr die Frau Mutter geliebt, Herr Vater?« nimmt Hieronymus allen Mut zusammen.
»Unterstehe dich, solche Fragen an mich zu richten! Aber du bist wie sie. Sie hat auch nicht gefragt, ob ich sie ernähren kann. Sie hat nur gefragt: ›Liebst du mich?‹ Natürlich liebt man sich, wenn die Verhältnisse zusammenstimmen!«
»Ich liebe Rose. Sie wird sich unseren Verhältnissen anpassen, wenn sie erst darin lebt.«
»Den Makel ihrer Geburt, ihrer niederen Geburt wirst du nie auslöschen.«
Zwei Kerzen blaken. Der Sohn greift in die Flamme und kürzt den Docht.
»Nennt Christus die Geringen nicht seine Brüder?« fragt er ruhig. »Dürfen wir da von Makel sprechen?«
»Komme mir nicht damit. So ist das gewiß nicht gemeint, daß du unter diesem Vorwand das Nest der Lotter beschmutzen kannst.«
»Herr Vater! Ihr wißt nicht, was mir das Mädchen bedeutet!«
»Die Dirne! Die Hure, die dich verführt hat! Der du ins Garn gegangen bist ...«
»Sie verdient Euern Schimpf wirklich nicht. Vielmehr würde sie Euch Achtung abnötigen, wenn Ihr um ihren sauberen Sinn und ihr gutes Herz wüßtet. Ihr solltet sie sehen, Herr Vater, ehe Ihr urteilt.«
»Hast du sie gar bestellt? Steht sie draußen, schaubereit? Nein, nein, mein Sohn! Auch ein schönes Frätzchen wird mir die Vernunft nicht rauben. Mir nicht!«
»Ihr wart immer bemüht, gerecht zu urteilen ...«
»Willst du meinen Zorn noch steigern?«
Der Alte will fort. Hieronymus hält ihn zurück, zwingt des Vaters Blick in den seinen.

»Ich habe nicht gewollt, daß es dazu kommt. Aber nun …, nun fordere ich mein Erbe!«
Lotter horcht auf. Wie – so sehr hat ihn die Dirne betört? »Unwürdiger!« denkt er. Und sagt: »So tief sitzt es also, daß du dich lieber von deinem Vater im Zorn trennen willst, als von dem Mädchen lassen? Da muß jener wohl – schweren Herzens! – klein beigeben. Ein Gedanke, mit dem man sich erst vertraut machen muß: Der Sohn will eine Ehe unter seinem Stand eingehen. Aber den Sohn verlieren – nein, das ertrage ich noch weniger …«
Hieronymus lauscht den Worten nach. Darf er seinen Ohren trauen? Diese jähe Wendung! Will ihn der Vater umstimmen? Oder hat er, der Sohn gewonnen, indem er alles auf eine Karte setzte?
Hoffnungsfroh sieht er ihn an. »Herr Vater, Ihr wollt also …? Das würde ich Euch immer danken, immer! Und habt Ihr Rose erst gesehen, gewinnt auch Ihr sie lieb. Da bin ich ganz sicher.«
Er will dem Vater die Hand reichen.
»Gemach, gemach! Mit dem Danken laß dir Zeit. Nicht mir gehören die Leibeigenen. Ich bin kein Fürst.«
»Aber Ihr habt einen zum Freund, dem Ihr schon manchen Dienst getan habt. Er wird Euch so leicht keine Bitte abschlagen.«
»Vergiß nicht: Seine Gnaden waren in letzter Zeit oft ungehalten. Freilich, man kann es Ihm nicht verdenken. Aufstand – Meuterei! Wer hört davon schon gerne? Und wenn ich Ihm nun noch mit solchem Anliegen komme …? Eine schwere Bitte, in der Tat.«
»Aber Ihr werdet sie wagen, dennoch wagen für mich, Herr Vater?«
Hieronymus' Augen flehen.
»Ja. Sobald sich Gelegenheit findet. – Du wirst mir dafür auch eine Bitte erfüllen, mein Sohn. Fahre morgen zurück nach Leipzig, und komme nicht eher hierher zurück, bis

du meinen Bescheid hast. Reise morgen in aller Frühe ...«
»Nein, Herr Vater! Nein, das kann ich nicht. Ihr seid zu hart. Der Preis ist zu hoch. Nein und nochmals nein!«
»Du schlägst mir meine Bitte ab, Hieronymus? Obwohl ich dann bei Seiner Gnaden ... Ich bitte dich mit Bedacht. Später wirst du mir's danken, auch wenn du mich jetzt nicht verstehst.«
Der Sohn schweigt. Eine Bitte, mit Bedacht getan ... Ja, das mag stimmen! Ein bitterer Zug um seinen Mund. Daß er den Vater nicht gleich erkannt hat! Haß steigt in ihm auf. Er kämpft hart.
Folgt er seinem Herzen, muß es bei dem Nein bleiben: Nein, ich kann hier nicht fort. So überstürzt nicht. Aber verscherzt er sich damit nicht alles? Alles! Außerdem – der Vater wird dann andere Mittel und Wege finden, ihn von hier zu verbannen.
Dann denkt er an Rose. Er soll sie wieder entbehren. Für Wochen. Für Monate. Ja, wie lange denn?
Der Alte sitzt abwartend. Er errät die Gedanken des Sohnes, läßt ihm Zeit. Seiner Sache ist er sich ohnehin sicher. Seine Berechnungen stimmen, wie sie sich für jedes seiner Werke stets als richtig erwiesen haben.
Weit zurück lehnt er sich in seinen Stuhl, tief in den Schatten. Der Sohn darf in seinem Gesicht nicht lesen – jetzt nicht.
»Wann werdet Ihr mir Euern Bescheid geben?« fragt Hieronymus.
»Ein wenig Geduld mußt du aufbringen. Schwerwiegende Fragen wie diese stellt man nicht zwischen Tür und Angel. Da gilt es, eine günstige Stunde abzuwarten. Schon um des Erfolges, also um deinetwillen.«
»Ihr wollt mich hinhalten auf eine unbestimmt lange Zeit. Nein, Herr Vater, das wäre ein schlechter Handel.«
»Gab dir dein Vater je Anlaß, so niedrig von ihm zu denken?«

»Verzeiht, ich wollte Euch nicht kränken. Doch einen Termin muß ich wissen, wenn mich das Warten nicht aufreiben soll.«
»Gut, sagen wir: längstens ein Jahr. Bis dahin wird sich die Gelegenheit bestimmt ergeben.«
»Ein halbes Jahr, Herr Vater. Ich bitt' Euch!«
»Vielleicht. Vielleicht sogar noch eher. Ich sagte ja, längstens ...«
»Ich danke Euch Eure Freundlichkeit, Herr Vater«, würgt Hieronymus hervor. Das Blut ist aus seinem Gesicht gewichen. Er stützt sich mit einer Hand auf den Tisch, während er die andere dem Vater reicht.
Eine Kerze verlischt. Nichts bleibt von ihr als die übelriechende Fahne und ein wenig Talg, das am Holz des Leuchters hinunterrinnt.
»Leb wohl, mein Sohn. Und vergiß es nicht: Morgen in aller Frühe steht ein Wagen für dich bereit.«

22

»Grüß Euch, Schösser! Gut, daß Ihr kommt! Hätte gern gewußt, wie es steht. Habt Ihr mit Lotter gesprochen?«
»Ja, Joachim Eyßvogel. Laßt mich nur einen Augenblick verschnaufen, dann will ich Euch erzählen.«
Michael Urban Schmid läßt sich auf einen Schemel fallen und holt ein paarmal tief Luft.
»Also, Schreiber«, beginnt er dann bedeutungsvoll, »also: Lotter reitet ein neues Wort. Es heißt ›sparen‹. Vielleicht ist Euch das schon Antwort genug auf Euer Anliegen. Schlagt Euch aus dem Kopf, daß er einen zweiten Bauschreiber einstellt. Sparen, sparen! Jede Ausgabe ist ihm zuviel. Er hat so-

gar gemurrt, als ich ihm die Rechnung des Schellenberger Baders zeigte: Zwei Gulden fünfzehn Groschen dafür, daß er den Hans Girbigk heilte, der im Brunnen Schaden genommen hatte. Die Wilderer haben nun einmal keinen Lohn, von dem er's abziehen könnte ...«

Eyßvogel hört nur noch mit halbem Ohr, was ihm Schmid da erzählt. »Weiter alle Arbeit allein!« jammert er. »Dabei werden es immer mehr Leute. Diese Woche wieder hundertdreiundneunzig Fröner allein aus dem Amt Lauterstein zu den vielen ständigen – ich weiß wahrhaftig nicht, wie ich fertig werden soll.«

»Das alles habe ich dem Lotter auch gesagt. Umsonst! Wißt Ihr, was er mir geantwortet hat? ›Sputen hilft, wenn die Arbeit überhandnimmt!‹«

»Sobald er kommt, werde ich ihm das Bündel Listen einmal vorhalten. Hier – Eisenschmiede, Kupferschmiede, Steinmetze, Glaser, Ziegeldecker, Handlanger, Zimmerleute, Tischler, Büttner, Maurer ... Die langen Namensreihen! Da kann sich einer die Finger wund schreiben und kommt doch nicht zurecht. Noch nicht ein Blatt habe ich für diese Woche aufgerechnet!«

»Damit laßt Euch ruhig Zeit. Heute kriegen wir neue Weisung. Lotter wird jetzt auch an den Löhnen sparen.«

»Sparen! Muß man da nicht lachen? Für die Steckenknechte reicht es!«

»Die Summen sind jetzt hoch, freilich ...«

»Aber haben die vielen Hände nicht auch viel geschafft? Nach dem Küchenhaus wurde das Haus nach Süden fertig. Dort hat Göding schon mit seinen neckischen Hasenmalereien begonnen. Und zwei, drei Wochen noch, dann sind auch die Kirche und die Torhäuser unter Dach.«

Der Schösser ist nachdenklich geworden. »Bin gespannt, was sich der Alte diesmal ausgedacht hat. Das eine aber sage ich Euch: Kürzt er viel, zahle ich den Lohn nicht aus. Ich nicht! Hab' die Nase voll vom vorigen Jahr. Am fünfund-

zwanzigsten September war's, das vergesse ich mein Lebtag nicht ...«
»Der Baumeister wird das Draufzahlen aus seinem Säckel satt haben.«
»Wer weiß auch, wann er seine Gulden wiedersieht. Seine Gnaden wollen nichts wissen vom Mehrgeben.«
»Lotter hätte besser getan ...«
»Er kommt!«

»Was macht Ihr für ein finsteres Gesicht, Meister Fabian?«
»Ist Euch eine Laus über die Leber gelaufen?« lachen die Zimmerleute.
»Das Lachen wird Euch vergehen«, entgegnet Fabian Werner, »wenn ihr erst wißt, was ich weiß.«
»Was ist's? Was ist's?« bestürmen sie ihn. Und als er nicht gleich antwortet: »Spannt uns nicht auf die Folter!«
Der Meister spricht langsam und betont. »Lotter läßt uns wissen, wir bekommen jetzt wieder nur den alten Lohn. Was er uns zugelegt hat, ist hinfällig.«
Bestürzte Gesichter.
»Auch unsere Forderung um Entlohnung der Feiertage ist endgültig abgeschlagen.«
Jetzt finden sie ihren Mund wieder. »Wie? Wir bekommen den Pfingsttag nicht nachbezahlt, worauf er uns bis heute vertröstet hat?« – »Der höhere Lohn hinfällig?« – »Warum gerade bei den Zimmerleuten?« – »Das kann er nicht wagen!« – »Das lassen wir uns nicht bieten!« – »Gleich rücken wir zu ihm!«
Fabian versucht, seine Leute zu beschwichtigen.
»Nicht nur uns will er den Lohn wieder kürzen. Allen soll es so ergehen. Allen!«
»Warum? – Kommt, er muß Rede und Antwort stehen!«
Fabian hebt gebietend seine Hand, als ein paar junge Leute davonstürmen wollen. »Nichts überstürzen, das führt nicht zum Ziel. Besonnen müssen wir handeln.«

»Was sollen wir tun?«
»Wir arbeiten weiter bis zum Sonnabend. Warten die Lohnzahlung ab. Macht er ernst, dann ... Vorher aber reden wir mit den anderen Handwerkern, damit wir einig handeln.«
»Ja, so wollen wir's halten!«

Sonnabend.
Suchend irrt ein Mädchen auf dem Schellenberg umher. Schaut hierhin, eilt dorthin, blickt fremden Leuten forschend ins Gesicht. Wie ertappt kommt es sich jedesmal vor, fragt einer nach dem Wohin. Ohne Antwort drückt es sich davon.
Das Mädchen schleicht um Lotters Haus, späht ein Fenster nach dem anderen ab. »Vielleicht ist er auf dem Bauplatz?« murmelt es dann. Und geht dorthin.
Viele Gesichter, ja – aber nicht das eine, das Rose sucht. Immer wieder klingt ihr der Lockruf der Lerche im Ohr.
Vor zwei Wochen ist es gewesen; in der Nacht nach ihrem letzten Beisammensein ... Wäre sie doch hinausgegangen! Wäre sie doch! Aber den Vater mißtrauisch machen? Nein! Morgen würde sie den Liebsten wiedersehen, morgen. Das Fleckchen im Wald war ausgemacht. Dann würde er ihr sagen, was ihn zu später Stunde noch vor ihr Haus getrieben hatte. Morgen ...
Aber Hieronymus ist nicht gekommen. Bis heute nicht.
Halb träumend geht sie durch die Menge der Handwerker, die auf dem Bauplatz versammelt ist. Erst ein metallenes Klirren macht sie wach. Drei Männer stehen mit geballten Fäusten vor dem Lohntisch und schleudern das Geld, das man ihnen gegeben hat, auf die hölzerne Platte.
»Im Namen aller übrigen – wir wollen das Geforderte haben!!«
Jetzt erst denkt Rose wieder an ihren Auftrag. Für den Vater, der daheim krank liegt, soll sie den Lohn holen. Er hat sie gewarnt, daß eine Revolte drohe. Und sie hat alles vergessen über dem einen.

Dann ist sie mitten unter denen, die vor seines Vaters Haus ziehen. Lärmend, johlend, drohend. Kaum, daß sie Schritt halten kann. Sie wird gedrängt, geschoben. Sie strauchelt, fällt – nein, fällt nicht. Zwei starke Arme bewahren sie. Als sie sich umwendet, sieht sie in die guten Augen eines jungen Handwerkers.

Der Dachdeckergeselle Gregor Lihmann aus Leubsdorf ist es, der sie stützt. Rose hat nicht einmal ein Dankeswort für ihn. Wie ein Sturmwind rauschen die Ereignisse über sie hinweg. Sie sieht seinen Vater am Fenster. Möchte die Leute daran hindern, ihm zu drohen. Hört ihn reden und weiß doch nicht, was er spricht. Alles ertrinkt in dem einen Gedanken: Hieronymus!

Grau und trübe ist dieser herbstkalte Sonnabendnachmittag. Dicht verhangen der Himmel. Dicht der Vorhang um den Berg. Will er den Schrei der Hunderte nach Recht und Brot dämpfen, damit er nicht ins Land hinausdringt?

Es nieselt. Rose fühlt nicht, wie ihr Haar einen feuchten Schleier bekommt, empfindet kaum, daß ihr Körper fröstelnd zittert. Ein lähmender Gedanke hat sie befallen, jäh, unverhofft: Sollte Hieronymus fort sein? War der Lockruf der Lerche sein Abschiedsgruß?

Aus dem Nieseln wird Regen. Die Männer ziehen ihre dünnen Lumpen fester um den Körper. Sie wollen sich dennoch nicht geschlagen geben, noch nicht.

Da wird es Lotter zu bunt. »Ich habe euch damals mehr gezahlt, weil ihr bei arg wüstem, ungestümem Wetter arbeiten und große, hohe Gerüste hinauflaufen mußtet. Jetzt ist aber die Heu- und Getreideernte vorbei, so daß ich genug Leute in den Dienst nehmen kann, die gern für zwanzig Pfennige einen Tag arbeiten würden. Deshalb kann ich euch nicht mehr Lohn geben, als der Schösser auszahlt.«

Bewegung kommt erneut in die Menge. »Nein, wir geben nicht nach ...!«

»Geht heim, oder ich will euch Füße machen!«

Da hört Rose den Namen Nicol Hofmann nennen, hört von den Bollwerken reden ...
Hier läßt einer den Kopf hängen, dort tappt einer müde davon. Langsam gehen sie – einer nach dem anderen.
Schließlich steht Rose einsam am Zaun. Zwei, drei Gruppen Handwerker nur noch in der Nähe, die sie nicht beachten.
Einsam? Nein. Hinter ihr noch immer Gregor Lihmann, die Augen auf ihr flachsblondes Haar gerichtet.
»Wohin gehst du jetzt?« fragt er. »Ich lasse dich nicht allein.«
»Ich bin nicht ängstlich. Nein – nein!« wehrt sie erschrocken ab. Und ohne sich noch einmal umzusehen, hetzt sie in den Nebel, in das Dunkel des Waldes hinein. Stolpert über Baumwurzeln. Droht auszugleiten. Dürre Äste zerreißen ihren Rock.
Sie achtet nicht darauf. Vorwärts, nur vorwärts! Aber heim? Jetzt dem Vater unter die Augen treten? Erschöpft hält sie inne, schlingt die Arme um einen Fichtenstamm. Fest preßt sie ihre fieberheiße Stirn an die nasse Rinde.
»Hieronymus ...!«

23

Klipp – klapp – Klipp – klapp ...
Nimmermüde schwingen zwei Dreschflegel auf Utmanns Tenne. Seit ein paar Tagen schon. Der Berg Stroh wächst von Stunde zu Stunde. Es ist ein gutes Arbeiten. Willig geben die trockenen, braunen Ähren ihre Körner her.
Brosius und Sabina sehen kaum vom Boden auf. Stetig und sicher ihre Arme im Zweitakt.
Klipp – klapp – klipp – klapp ...

Der Oktoberwind mischt sich in die eintönige Melodie.
Hui – huii ...!
Er fegt das gelbe Laub von den Buchen neben dem Haus, wirbelt es dem Bauern und der Frau über die Köpfe.
Sie achten nicht darauf. Beim Dreschen haben sie Muße, ihren Gedanken nachzuhängen.
Immer neu erinnert das Korn an das Unwetter. Wie vielen hat der Hagel die Ernte zerschlagen. Und sie dürfen dreschen! Dürfen! Gnade Gottes!
Sabina durchlebt in Gedanken noch einmal jenen Tag. Kann sie je aufhören zu danken?
Gnade Gottes, daß sie hier steht und schaffen kann.
Gnade Gottes – die Kinder haben ihre Mutter noch.
Dazu haben sie durch Nachbar Matthes erfahren, daß der Steckenknecht einen Bauern totgesagt hat. »Einer ist weniger geworden. Mitsamt Karren und Ochs ertrunken!«
Man vermißt sie also nicht an der Zahl. Gottlob! Und der Himmel hat es anders gefügt.
Sabina weiß nicht, wie lange sie damals ohne Besinnung gelegen hat. Aber es können nur Minuten gewesen sein, bis der Schmied kam. Sonst wäre sie dem Tod nicht entronnen; denn allzu schnell war das Wasser durch den Wolkenbruch angestiegen. Als sie um die Mittagszeit erwachte, hatte die Flöha einem mächtigen Strom geglichen, breit und reißend. Fast bis zur Schmiede hinauf hatte das Wasser gereicht.
Die Schmiedtochter war gekommen und hatte frische, kühle Salbe auf Sabinas Wunden gestrichen, hatte ihre Ängste gestillt.
Ja, auch der Ochs sei im Stall, so hatte sie gesagt. Der Vater sei gerade noch zur rechten Zeit gekommen ...
Zwei Tage lang hatte Sabina dort bleiben müssen. Kein Mensch konnte durch die Furt fahren. Zwei Tage lang war Brosius im Ungewissen geblieben. Als er am dritten Tage danken und sie holen kam, hatte er den Schmied gefragt:

»Wie kam es nur, Gottlieb, daß du bei diesem Höllenwetter hinausgegangen bist?«
»Die Frau war unterwegs. Ich war mir zwar sicher, daß sie irgendwo Schutz suchen würde. Dennoch ging ich Ausschau halten. Ich habe es in der Stube nicht ausgehalten.«
Jedem, der künftig zweifeln will, wird es Sabina sagen: »Gott kann!«
Die Ähren sind leer. Bauer und Bäuerin legen die Flegel beiseite. Brosius nimmt das Stroh fort und bindet es wieder ein. Sabina rafft die Körner zusammen.
»Sieh her!« ruft sie erfreut. »Die Säcke sind übervoll. Wir wollen Veit Grüner und Balzer Weißflog von unserem Korn abgeben. Sie hat es am ärgsten betroffen. Wenn uns der Hagel auch alles genommen hätte ... Ich werde die Gedanken nicht los.«
»Mir geht es ebenso, seit wir dreschen. Aber über dem Danken kommt mir auch immer der Wüstling in den Sinn. Dich so zu mißhandeln! Ist das noch menschlich?«
»Er wußte nicht, daß ich kein Mann bin.«
»Haben Männer das Recht auf Menschsein verwirkt? Nein, nein, entschuldige ihn nicht. Heute noch brennen die Striemen auf deiner Stirn, ich weiß es. Sagst du auch tagsüber nichts, so klagst du doch im Schlaf. Muß man den Halunken nicht hassen? Ihn, und die dahinterstehen?«
»Die Striemen werde ich vielleicht mein Lebtag behalten, und das wäre gut. Dann würden sie uns immer mahnen. Aber nicht zum Hassen, Mann. Zum Vergeben.«
»Das Vergeben hat Grenzen.«
»Bei uns ja. Bei Gott nicht. Wir leben aus der Vergebung. Und die mutwillig unrecht tun, werden gerichtet. Da braucht es unser Nachtragen nicht.«
»Hast recht, Weib«, sagt Brosius nach längerem Schweigen. »Den Freund lieben, was ist das schon? Aber die ...«, er weist rückwärts über seine Schulter nach dem Berg, »*die* dennoch nicht hassen – kein Kinderspiel, wahrhaftig nicht!

Aber ich will es üben. Erinnere mich daran, Sabina, wenn ich es je wieder vergessen sollte.«

Andreas stürmt herein. »Vater! – Mutter! Kommt! Seht dort!«
Ein Unglück? Nein – und ja.
Wo der Wald den Hang hinuntersteigt und sein Schatten über den Lößnitzbach springt, äst ein Rudel Hirsche. Zehn, zwölf glänzendrote Rücken – dahinter gelbe Eschen am Wasserrand. Andreas steht wie gebannt. Auch die Bauersleute sehen wortlos hinüber. Jeder aber mit anderen Augen.
Sabina erfaßt in dem Bilde den Bach, der sprudelnd über die Steine springt. Sieht den Himmelsbogen, der von den Fichtenspitzen drüben über das Tal hin bis zu den Wipfeln hüben gespannt ist. Zerpflücktes Weiß treibt den Wind unter dem hohen Blau vor sich her. Hier und da auch geballtes Gewölk. Ein fremdes Tier mit riesigem, gierigem Rachen – dann wieder ein Vogel, leicht und beschwingt.
Brosius dagegen zählt nur die Rottiere. So dreist stehen sie, so herausfordernd dreist! Sollte man – am hellichten Tage? Nein, jeder Versuch wird jetzt fehlschlagen. Zudem – wie leicht kann es einer sehen!
Da – der Leithirsch hebt sein mächtiges Haupt. Ein prächtiges Geweih! Noch eins hebt sich. Und noch eins ...
»Oh!« entfährt es dem Jungen.
Der Rote hat Wind bekommen. Zwei Sätze – und der Wald verbirgt ihn. Die anderen ihm nach.
Nachdenklich geht Brosius zurück auf die Tenne. Geschwätzig folgt ihm Andreas, Sabina mit besorgtem Blick. Sie muß jetzt allein sein mit dem Bauern.
»Du kannst das Korn im Herbstwind worfeln, Junge!«
»Ja, o ja!« Und Sabina trägt ihm ein Holzgefäß voll hinaus.
»Was überlegst du, Brosius?« fragt sie dann.
Der schweigt.
»Ich weiß es, auch wenn du es nicht sagst: Du willst wieder aufs Wild gehen.«

»Ja. Es muß sein.«
»Jetzt macht es keinen Schaden!« sagt sie schnell. So, als sei er schon auf dem Wege und sie müsse ihn zurückhalten.
»Jetzt! – Und nächsten Sommer?«
Sabina weiß nur zu gut, wie wenig das Jetzt hier gilt. Das Herz wird ihr schwer. »Gott ist gütig über unser Bitten hinaus. Er hat deinen Kindern den Vater erhalten und wiedergegeben. Und du willst in neue Gefahren hinein.« Ihre Augen sind angstvoll weit, ihre Striemenmale röter denn je.
»Es muß sein!« wiederholt Brosius nur und breitet dabei frisches Korn über die Tenne. Schon lange hat er daran gedacht, ohne es auszusprechen. Nun stehen die Worte gespensterhaft zwischen ihnen.
»Ist es nicht Mißtrauen?« versucht die Frau erneut, ihn abzubringen. »Ich meine, Gott kann unseren Feldern das Wild auch fernhalten, ohne daß du noch einmal Freiheit und Leben aufs Spiel setzt.«
»Ich meine aber, er kann mich bewahren, wenn ich gehe. Bete – und arbeite! Hat der Herrgott vor dem Unwetter einen Sturmwind geheißen, unser Korn in die Scheuer zu tragen? Wir haben gearbeitet, geracker t. Er ließ es gelingen!«
»Und weil er's gelingen ließ, stehen wir dieses Jahr nicht schlecht da. Ist es da nötig, daß du trotzdem ...?«
»Du mißt nur mit unserem Maßstab. Es geht aber nicht allein um unsere Felder. Jeder der Bauern muß das Seine tun. Und jeder muß weiter denken als an dieses Jahr. Auch ich.«
»Wir sollen für heute um Brot bitten. Für heute. Hat uns Gott in diesem Jahr nicht seine Allmacht bewiesen? Du meinst aber, du müßtest dein eigenes Scherflein noch dazugeben, damit wir nächstes Jahr vor Schaden bewahrt bleiben.«
»Die Angst treibt dich, so zu reden, Sabina. Du bist meine Frau ... Ich muß es wagen.«
»Du versuchst Gott damit. Bedenk es reichlich, Brosius!«

24

Auf Zehenspitzen schleicht Jacob in Lotters Schlafgemach. Ein Blick durch den golddurchwirkten Vorhang, der ein wenig offensteht – grüngelblich das Greisengesicht auf dem schlohweißen Linnen. Kurzer, aber gleichmäßiger Atem.
»Der Herr schläft noch!« flüstert der Diener den beiden Männern in vornehmer Reisekleidung zu, die in der Diele warten.
»So – da läßt Er uns also nicht hinein?«
»Solange der Herr schläft, um keinen Preis.«
»Weiß Er denn, mit wem Er es zu tun hat?«
»Und wenn Ihr der Kaiser selbst wäret, edler Herr – mein Herr ist krank.«
Die beiden Männer sehen einander bedeutungsvoll an. »Gut! In einer halben Stunde kommen wir wieder.«
»Ich hätte ihn freilich gern sofort gesehen«, sagt der Ältere, als sie draußen sind. »Aber der Schlaf tut ihm auch gut. Es wird auf eine so kurze Zeitspanne hoffentlich nicht ankommen.«
Ja, den Baumeister erquickt der Schlaf. Seit er krank liegt, die ganze Woche hindurch schon, hat er kaum einmal ein Auge zugetan. Immer quälen ihn böse Vorstellungen.
Ein Leben währt siebzig Jahre ...
So matt, so zerschlagen fühlt er sich. Wird er von diesem Lager noch einmal aufstehen? Wird er sein Werk zu Ende führen?
Dazu peinigt ihn, daß der Niederländer vorläufig auf dem Bau regiert. Aber die Arbeit darf keinen Tag stocken. Zwar sind die Gebäude unter Dach, es muß aber noch viel geschafft werden, ehe der Winter einbricht. Wir haben schon Anfang November. Manchmal macht sich Lotter selbst wieder Mut. Vielleicht erholt er sich bald. Wenn man nur erst weiß, wo es fehlt ...

Doch seine zuversichtlichen Stimmungen sind meist von kurzer Dauer. Im Handumdrehen können sie verfliegen. Etwa, wenn Jacob das Essen bringt, und er hat keinen Appetit. Seit Tagen schon.
»Von Lisette aufs beste bereitet«, versucht es Jacob dann. »Ihr müßt doch wieder zu Kräften kommen.« Dann und wann verlegt er sich sogar aufs Bitten.
Aber der Kranke winkt müde ab. »Trag es wieder hinaus. Morgen vielleicht ...« Dabei wird er immer matter. Wie also, wenn das Ende wirklich nahe wäre?
Lotter hat sich während der letzten Monate nicht ein einziges Mal Zeit genommen, an solche Dinge zu denken. Er hat unermüdlich geschafft, hat alle gnadenlos getrieben, nur um seinen Herrn zufriedenzustellen.
Doch ein Zornesausbruch nach dem andern traf ihn dafür. Heute kam ein Brief aus mürrischer Feder, morgen der scheltende Kurfürst selbst, offenes Mißtrauen in den Augen. Heute Wünsche, die Geld und Zeit verschlangen. Kaum erfüllt, wurden sie hinfällig. Und dann: Zu teuer, zu teuer!
Lotter ist unglücklich. Aber er murrt nicht. »Ich bin meinem Herrn zu dienen schuldig ...«
Nahezu sechstausend eigene Gulden stecken bis heute in diesem Bau. Er hat seinem Landesherrn schon bei vielen seiner Bauten Gelder vorgestreckt. Die größte Summe zuletzt für die Pleißenburg. Warmer Dank des Kurfürstlichen Hauses war sein Lohn. Und hier ...?
Nicht mit einem Wort sind Seine Gnaden darauf eingegangen, als Lotter unlängst davon sprach. »Der Bau müßte weiter sein«, hatte der Kurfürst statt dessen räsoniert. »Wir gedachten, bereits diesen Winter hier Jagd zu halten!«
Kein Wunder, daß Körper und Geist einmal versagen.
Wirre Träume gaukeln nachts um des Alten Bett. Verhungerte Gestalten mit schwieligen und wunden Händen kommen auf ihn zu, Steckenknechte trampeln. Fäuste erheben sich vor seinem Haus. Und hinter dem Bettvorhang hört er

seinen jüngsten Sohn ständig ein Wort flüstern. Klingt es nicht wie ›Betrüger‹? Dann wischt sich der Baumeister jedesmal hellen Schweiß von der Stirn. Könnte er diese Bilder doch bannen! Soll er seinen Magister kommen lassen? Ihm alles sagen, was ihn beschwert? Ihm auch sagen: ›Alles soll anders werden, wenn ich hier wieder aufstehe!‹?

Nein, warte noch, Lotter. Noch hat es gute Weile damit.

Als Lotter an diesem Nachmittag erwacht, steht der Diener wartend an seinem Bett.

»Nun, Jacob?«

»Zwei Herren bitten, bei Euch eingelassen zu werden.«

Lotter richtet sich ein wenig auf. Er fühlt sich heute frischer, kräftiger. »Wer sind sie denn?«

»Ich weiß es nicht. Sie waren schon einmal hier. Da trugen sie Reisekleidung.«

»Schon einmal hier ...?«

»Ich habe sie nicht reingelassen. Ihr habt gerade geschlafen.«

»Wie, du wagtest ...?!« will Lotter aufbegehren.

Da tritt der Jüngere der beiden Besucher ein.

»Nicht schelten, lieber Herr Vater. Jacob hat es herzlich gut gemeint. Er kennt mich ja nicht.«

»Albrecht! Endlich!« zwingt sich der Greis zu einem Lachen. »Männer in Reisekleidung – ich ahnte es gleich. Zwar hatte ich eher an Ludwig als an dich gedacht ...«

»Ludwig liegt auch krank, Herr Vater. Eine Erkältung zwar nur, aber reisen konnte er nicht. Und weil Ihr Hieronymus um keinen Preis geschickt haben wolltet ... Es ist Euch doch recht, daß ich gekommen bin, Herr Vater?«

»Ja, mein Sohn. Du wirst mich hier vertreten. Es ist hohe Zeit, daß die feste Hand wieder auf dem Bau regiert.«

»Hieronymus hätte angespannte Arbeit auch gutgetan. Er ist ein rechter Kopfhänger seit ein paar Wochen. Einsilbig, grüblerisch.«

»Hieronymus taugt nicht für den Schellenberg. – Hast du mir meinen Doktor mitgebracht?«

»Ei freilich, Freund!« tritt der ein. »Ich warte schon auf deinen Ruf.«
»Nun habe ich dich auch noch warten lassen. Verzeih, Johannes.«
»Zuerst solltest du deinen Sohn empfangen, das war schon recht.«
Schröter schüttelt des Freundes welke Hand.
»Aber nun tritt der Medikus in Funktion. Ich brenne nämlich darauf zu wissen, was mir eigentlich fehlt.«
»Das kann ich dir sogleich sagen.«
»Wie – auf den ersten Blick stellst du Diagnosen? Ein Wundermann also seit neuestem?« versucht Lotter zu scherzen.
»In deinem Fall ist's nicht schwer«, lacht Schröter. »Dir sieht man die Gelbsucht von weitem an.«
»Gelbsucht?« erschrickt Lotter.
»Keine Angst, alter Hieronymus. Die kurieren wir sehr bald, verlaß dich darauf.«
Der Kranke atmet erleichtert auf.
»Ich untersuche dich natürlich noch gründlich.«
»Zuvor stärkt euch beide von der langen Fahrt.«
»Wir sind vorhin schon im Hirschen eingekehrt.«
»Trotzdem! – Schnell, Jacob! Das Beste vom Besten.«

Zwei Tage später.
Ein Bote auf dem Bauplatz. »Hast du den jungen Baumeister gesehen? Oder ihr dort? Nein? – Wer ihn sieht, der sag's ihm: Er soll sofort nach Hause kommen.« Joachim Eyßvogel richtet es ihm schließlich aus. Und Albrecht Lotter erschrickt nicht wenig.
Der Doktor hat gestern ein so bedenkliches Gesicht gemacht, und der Herr Vater ist nun einmal nicht mehr der Jüngste. Hatte der Bauschreiber nicht ›sofort‹ gesagt? Sofort solle er kommen?
Um alles in der Welt – das möchte nicht geschehen. Jetzt

nicht! Schließlich würde er, Albrecht, dann den Kurfürstlichen Auftrag bekommen, diesen Bau zu vollenden?
Nur das nicht! Er würde sich sträuben, mit Händen und Füßen dagegen wehren.
»Es ist ohnehin nicht leicht, in dieser verdrehten Zeit Baumeister zu sein und mit Leuten umgehen zu müssen. Und hier besonders ...«, murmelt er vor sich hin, während er zum Haus des Vaters läuft. »So ein rebellisches Volk, die Meister allen voran! Man muß staunen, daß der Herr Vater das all die Monate hindurch ausgehalten hat. Mir reichen schon die zwei Tage!« Er schüttelt sich.
»Ein Glück, daß der Winter vor der Tür steht«, überlegt er weiter. »Vielleicht friert und schneit es ja bald, daß man den Bau einstellen muß. Andererseits möchte man sich schon wünschen, noch lange hier zu sein. Mit dem Schösser werde ich mich auf jeden Fall gut stellen. Von ihm habe ich allerhand erfahren. – Das ist ein schönes Geschäft: Tag für Tag schuften und statt entlohnt zu werden, noch draufzahlen. Wer kann sich aufs Wiedergeben verlassen? Der Herr Vater gibt alles gutgläubig und vertrauend. Und wenn er einmal plötzlich ... Er wird mit dem Herrn Vater reden, wenn dazu noch Zeit ist. Es ist der Söhne Erbe, das der Prunkbau frißt!« –
Doktor Johannes Schröter erwartet Albrecht an der Tür. »Gott sei Dank«, sagt er, »wir haben's geschafft. Nicht lange und Euer Herr Vater ist wieder gesund. Ich wollte Euch die gute Nachricht nicht lange vorenthalten, deshalb habe ich Euch gleich holen lassen.«
Albrecht atmet auf. »Ich bin mit großer Sorge gekommen, weil des Herrn Vaters Befinden gestern bedenklich war – wie Ihr selbst gesagt habt. Wie habt Ihr nur diese Wendung zustande gebracht? In Leipzig werde ich es allen sagen: Doktor Johannes Schröter ist ein Tausendkünstler!«
Der Arzt lacht.
»Gemach damit. Ich habe ihm Medikamente gegeben, ja.

Geheilt hat ihn heute etwas anderes. Geht hinein, er will es Euch selbst sagen. Ich bitte Euch aber: Trübt seine Freude ja nicht!«
Lotters Augen strahlen aus dem eingefallenen Gesicht. Er hält einen Brief mit Kurfürstlichem Siegel in den zitternden Händen. »Dem Himmel sei Dank! – Hier, lies, mein Sohn! Kurfürst August schreibt wieder freundlich. Ich habe meines Herrn Vertrauen wieder! Hundert Ärgernisse wiegt dieser Brief auf. Gleich morgen geht meine Antwort nach Dresden: Noch diesen Bau vollenden – dann will ich gern sterben!«

25

2. Mai 1570.
Graf Rochus von Linar schwänzelt aus dem Gemach Seiner Kurfürstlichen Gnaden.
»So, das wäre gelungen«, lächelt er zufrieden, als er die Tür hinter sich schließt. Er reckt sich geckenhaft. Im Gehen streicht er sich seinen Bauch: »Wahrhaftig, das war kein leichtes Stück Arbeit. Aber du hast dein Meisterstück gemacht, Graf! Der Name Linar gehört zu denen, die am Dresdener Hof die Fäden in der Hand halten. Er wird künftig nicht mehr fortzudenken sein. Und keiner, der den Berater des Landesherrn nicht fürchtet – ein erhebendes Gefühl! Wenn deine Träume sich weiterhin erfüllen ...«
Hans von Jenitz begegnet ihm.
»Seine Gnaden warten auf Euch, Kammersekretarius. Sputet Euch!« ruft er ihm zu und grinst dem Davoneilenden hämisch nach. »Man muß seine Künste nur spielen lassen, dann macht das Theater des Lebens Vergnügen!« –

»Ein heller Kopf, dieser Linar«, frohlockt Kurfürst August zur selben Stunde. »Fortuna war Uns hold, daß sie ihn an Unseren Hof führte. Er tüftelt die geheimnisvollsten Dinge aus. Nun bleibt Uns nichts mehr verborgen. Auch du wirst uns nicht mehr hinters Licht führen, alter Hieronymus. Zwar hattest du Uns schon wieder weich und gutgläubig gemacht. Jetzt aber werden Wir dich deiner Schliche überführen!

Jenitz! He, Herr Kammersekretarius, habt Ihr endlich ausgeschlafen? Wir rufen schon lange nach Euch!«

»Verzeihung, Euer Gnaden, ich war ...«

»Schon gut, schon gut. Hör zu, Hans: Wir haben einen Auftrag für dich!«

Jenitz erschrickt. Wenn Kurfürst August ihn Hans nennt, gilt es einen Bubenstreich.

»Erlauben mir Euer Gnaden zu erwähnen, ich fühle mich seit Tagen nicht recht wohl. Mein Kopf – das Herz ...«

»Dann kommt dir eine Reise in den knospenden Frühling gewiß doppelt gelegen.«

»Euer Gnaden sind zu gütig ...!«

»Du wirst ins Erzgebirge fahren. Morgen schon. Auf den Schellenberg. Und dort – Wir sagen es dir ohne Umschweife – wirst du mit Argusaugen dem Lotterbuben auf die Finger sehen und Uns haargenau berichten. Jeden Tag!«

Hans von Jenitz weicht das Blut aus den Wangen.

»Euer Gnaden sprachen seit langem nur gut von dem Baumeister«, stammelt er.

»Der scheint Unser Vertrauen arg zu mißbrauchen, Gott sei's geklagt. Aber Wir selbst können nicht ständig dort sein. Wo blieben da Unsere Regierungsgeschäfte? Wir hoffen, Unser Kammersekretarius wird seinen Auftrag gewissenhaft ausführen.«

»Darauf können sich Euer Gnaden verlassen. Ich werde mit Argusaugen dem ... Lotter auf die Finger sehen. Ich werde haargenau berichten. Jeden Tag.«

»Wir wissen, daß Ihr verläßlich seid, Jenitz. Deshalb schikken wir Euch, gerade Euch.«
»Dank, Euer Gnaden!«
»Schreibt uns zunächst über den Stand des Baues. Ergründet, ob Lotter alles Menschenmögliche tut, um die Arbeit voranzutreiben, wie es seine Schuldigkeit ist. Bis Martini muß alles fertig sein. – Muß! Sagt das dem Alten!«
»Ich will Euer Gnaden in Treue dienen. Euer Gnaden dürfen versichert sein ...«
»Wir wissen es, Jenitz! Noch eins: Wir verlangen von Lotter eine genaue Aufstellung, was der Bau von nun an noch kosten soll. Und nun – macht Eure Sache gut!«
Hans von Jenitz geht. Das Säckel in seiner Hand birgt hundert Gulden. So viel ist dem Kurfürsten ein Häscher wert. Wieviel wird er dem in die Hand drücken, der vielleicht dem Kammersekretarius einmal »mit Argusaugen auf die Finger sieht«? Hans von Jenitz ist schon zu lange am Hofe, als daß er sich noch Illusionen machen könnte. Zunächst aber könnte er glücklich sein: Er genießt des Kurfürsten Wohlwollen, und er besitzt mehr Gold, als mancher ahnen mag.
Warum ist er dennoch nicht zufrieden?
Margarete, die einzige Tochter, ist sein Abgott. Ihr erfüllt er jeden Wunsch. Nur ihren brennendsten zu stillen, war ihm bis heute versagt.
Vierzig Jahre alt wird Margarete. Wann endlich wird er ihr einen Freier bringen können? Er gäbe viel darum, viel auch aus der Truhe, in die er die hundert Gulden jetzt sorgfältig einschichtet.
Als er den schweren Schlüssel wieder umdreht und sicher verwahrt, tritt er nachdenklich ans Fenster. Am Horizont versinkt glutrot der Sonnenball.

Man schreibt den 2. Mai 1570.
Seit einer Woche ist der Schellenberg wieder ein wimmelnder Handwerksplatz. Lotter hatte es kaum erwarten können,

mit der Arbeit zu beginnen. Der Winter zog sich Woche um Woche hin. Endlich aber war der Bann gebrochen, endlich regte sich wieder Leben. Nun gilt es, die verlorene Zeit einzuholen. Die Steckenknechte waren schon drei Tage vorher da. Sie werden die Leute endgültig aus dem Winterschlaf wecken.

Der Baumeister sitzt nachdenklich an seinem Arbeitstisch. »Endlich kann ich meinem gnädigen Herrn gute Nachricht geben: Die Innenausstattung beginnt. Hunderte Hände arbeiten daran. Heinrich Göding malt das Steinwerk wie Marmor an, zunächst im Hause nach Westen. Gott Lob und Dank! Es geht voran! Mein gnädiger Herr soll zufrieden sein, um jeden Preis. Wiedergewonnenes Vertrauen wiegt schwerer als die Gunst, die einem unwandelbar dünkt. Wiegt schwerer auch als das Geld, das ich werde vorstrecken müssen wie im vergangenen Jahr. Zwar machten mir die beiden Ältesten zu Neujahr Vorhaltungen, ich ginge leichtfertig mit ihrem Erbe um. Weiß der Teufel, wer Albrecht da etwas ins Ohr geblasen hat!

Leichtfertig! – Lachhaft! Ich kann mit meinen Gulden tun, was mir beliebt. Und Seine Gnaden werden sich von mir nichts schenken lassen. Noch jedesmal habe ich auf den Pfennig zurückbekommen, womit ich meinem Landesherrn bei einem Bau ausgeholfen habe – wenn auch manchmal erst nach geraumer Zeit. Ein Unterschied ist freilich dabei: Sonst haben Seine Gnaden stets um die Gelder gebeten. Hier aber ...? Nun, es wird sich bald eine gute Stunde finden, da ich's Seiner Gnaden sagen kann.

Eine gute Stunde! Hieronymus hofft auch darauf. Schreibt er mir da einen Brief, ob sich die ›gute Stunde‹ schon ergeben hat, mich mit seinem Anliegen an den Kurfürsten zu wenden. Nein, mein Sohn, die wird sich niemals ergeben. Das wäre doch – Albrecht und Ludwig mahnen mich des Erbteils wegen, und der Jüngste will es vergeuden, eine Frönerdirn ins Haus zu schleppen! Aber ich werde ihm klugerweise

auch diesmal nicht abschlägig antworten. ›Geduld, Geduld! Kommt Zeit – kommt Rat!‹ Haha, und Zeit heilt Wunden, auch die man sich selbst zufügte.
Für das Hirngespinst meines Sohnes mich dem Hohn Seiner Gnaden aussetzen? – Nun und nimmermehr! Der wird daran nicht zerbrechen. Findet er erst ein Mädchen mit Gut und Geld, wird er unschwer den Unterschied merken. Vielleicht muß ich doch mal ein wenig nachhelfen? Bei Albrecht und Ludwig hatte ich's nicht nötig, die waren selbst Geschäftsleute genug. Aber bei ihnen heißt's nun: Je mehr er hat, je mehr er will.«
Lotter seufzt. Er geht ans Fenster und blickt hinaus. Glutrot steht die Abendsonne über den Bergen und sinkt und sinkt ...

»Heute ist der 2. Mai, Rose. Ich will mir den Tag gut einprägen.«
»Warum gerade den heutigen, Gregor?«
»Ist es nicht ein besonderer Tag, wenn einer um ein Mädel freit?«
Rose erschrickt. Sie sieht an dem jungen Dachdeckergesellen vorbei, während seine guten, hellen Augen in ihrem Gesicht zu lesen versuchen. Aber nichts verrät Spannung oder Bewegung. Rose tut, als hätte er das Alltäglichste gesagt, auf das zu antworten sich nicht lohnt.
Ihre Gedanken sind weit entfernt; wieder in der großen, unbekannten Stadt bei dem, der sie auch hier unter den jungen Buchen oft an der Hand hielt. Um mit ihren Erinnerungen allein zu sein, ist sie hierher gegangen. Da überraschte sie Gregor.
Der junge Bursche steht und wartet auf ein Wort. So gewandt und tüchtig er in seiner Arbeit ist, so schwer fällt ihm jede gereimte Rede. Er hat sich lange ausgedacht, was er Rose sagen wollte. Und nun ...?
Ein wenig unbeholfen läßt er seine langen Arme herabhängen.

Seine Augen jedoch reden deutlicher, als Worte es könnten. Rose sieht es nicht. Sie denkt daran, wie lange es her ist, seit sie Hieronymus zum letzten Mal gesehen hat. Geradeso lange wartet sie auch auf einen Boten, der ihr ein Vergißmeinnicht bringt wie damals ...
Rose schaut auf die untergehende Sonne. Es ist, als würde der Bergwald sie aufnehmen. Gregor folgt Roses Blick. Er sieht das Spiel der Wipfel vor dem Licht und nickt.
»Du sagst nichts?« fragt er dann endlich.
Rose muß erst in die Wirklichkeit zurückkehren.
»Was soll ich sagen? Ich wünsch' dir Glück, wenn du eine freien willst.«
»Du bist die eine.«
Rose bleibt in ihrer steinernen, kalten Ruhe. Sie schüttelt langsam, verständnislos fast, den Kopf: »Nein, Gregor, das kann nicht sein.«
»Du magst mich nicht?«
»Ich kann den Vater nicht allein lassen. Wer sollte ihm den Hausstand versehen?«
»Dein Vater kennt mich und – mag mich. Wenn ich mit in euer Haus ziehen könnte? Du weißt ja, ich habe keine Eltern.«
»Ich bin zu jung, Gregor.«
»Manch eine ist noch jünger, wenn sie freit.«
»Bist du nicht mit der Schaarschmidt-Anna aus deinem Dorf gegangen? Die Mädchen in Metzdorf sprachen einmal davon.«
Gregor bekommt feuerrote Wangen. »Das ist lange vorbei.«
»Lange?«
»Seit ich dich sah, damals, bei der Revolte. Ich denke oft daran. Du bist davongelaufen ...«
»Seitdem bist du jeden Sonntag nach Metzdorf gekommen. Wie wußtest du, daß ich dort wohne?«
»Erst habe ich Handwerker auf dem Bau gefragt. Aber keiner kannte dich. Dann bin ich jeden Sonntag in ein anderes

Dorf gegangen. Bis ich nach Metzdorf kam und dich sah. Darüber ist mit der Anna vom Schaarschmidtbauer Schluß geworden. Ich bin nicht böse drum.«

»Nein, Gregor, um meinetwillen soll keine andre um dich trauern!«

»Sie hat längst den Fiedler-Moritz. Sei nicht starrsinnig, Rose. Ich habe das Alter zum Heiraten und verdiene noch ein wenig mehr als dein Vater. Sag ja!«

»Ich kann nicht!« wehrt Rose überlaut ab.

Da wirft Gregor seinen Kopf zurück. Er sucht nicht mehr nach Worten, er stößt sie hervor, wie sie ihm gerade in den Mund kommen. »Ich bin ein Tölpel, Rose. Wie die anderen hätte ich's machen sollen: einfach nehmen, nicht viel fragen. Da hättest du keine hundert Ausflüchte machen können. Aber ich habe gedacht, du bist zu gut dazu. Sag mir nur noch: Hast du einen andern? Haben mich die Metzdorfer Burschen belogen? Du würdest keinen ansehen, haben sie gesagt.« Und nach bangen Minuten:

»Hast du einen? Sag mir das wenigstens ...!«

»Sie haben dich nicht belogen.«

»So bin ich dir also nicht fein genug?« sieht Gregor an sich hinunter.

Rose schweigt.

Erst als sich Gregor Lihmann abwendet und ohne Gruß davon will, hält sie ihn zurück.

»Sei mir nicht gram, Gregor. Ich danke dir. Du hast dich damals als einziger um mich gekümmert. Aber heiraten kann ich dich nicht. Versteh mich doch!«

Sie sagt die letzten Worte so bittend, daß der junge Bursche ein Herzeleid ahnt. Er reicht Rose seine schwere Hand. »Ich bleib' dir gut. Und wenn du einmal einen brauchst, der dir hilft, denk an den Gregor Lihmann.«

26

Klobig, kantig stehen die düsteren Bollwerke vor dem blassen Sommernachtshimmel mit zitternden Lichtfünkchen. Der Waldkauz schreit aus hohen Buchenwipfeln. Huhuhu – weit widerhallend, nun wieder ein kreischendes rai-rai. Fern klagt ein Hase. Vielleicht hat ihn der Fuchs im Fang. Dann wieder jault ein Hund.

Unruhige Nächte ...

In den Bollwerken klirren Ketten. Hin und wieder schmerzvolles Stöhnen, wenn das Eisen an wundgescheuerten Gelenken reibt.

Mondlicht dringt durch die Ritzen, geistert um wuchtige Steine und die ausgezehrten Männer, die daran gefesselt sind. Erstarrt die Glieder, knien sie um die Blöcke. Sie legen den Kopf auf die Arme, versuchen zu schlafen. Die Müdigkeit liegt bleiern in ihren Gliedern. Ein paar Minuten erschöpftes Hindämmern, dann weckt sie die Klage des Nebenmannes oder der eigene Schmerz. Beißend steigt der Kotgestank in die Nase.

Keiner spricht. Jeder brütet im Halbwachsein dumpf vor sich hin.

Sieben quälen sich in dem einen Käfig, neun im anderen, hier drei, dort fünf. Willkürlich werden sie in die elf Zellen geworfen, wenn sie spätabends aus dem Brunnenschacht kommen. Einer hockt heute mutterseelenallein im letzten Geviert. Müde und gleichgültig blieb er am Rande, bis die andern angekettet waren. Fußtritte trieben ihn dann hier hinein. Dieser eine ist – Brosius Utmann.

Heute gehört ihm ein Stein allein. Er beugt seinen Oberkörper so weit hinüber, wie die kurze Kette es zuläßt. Und findet dann ebensowenig Schlaf wie die anderen, die nur ein zehnmal kleineres Fleckchen haben.

»Ob Sabina auch wachliegt? – Vielleicht hatte sie recht,

vielleicht habe ich Gott versucht. Denn jetzt müssen die Dinge auch ihren Lauf nehmen. Und diesmal wird Sabina mir die Schuld geben. Sie hat wieder Kummer und Last, die Kinder keinen Vater. Der Junge vor allem – wann wird er einmal sorglos froh sein können?
Ob man diesmal wieder heimkehrt –? Sie werden daheim verzagen. Sabina mag es meiner Schuld zuschreiben, daß Gott uns vergessen, verstoßen hat. Anders kann es nicht sein. Der Rüxleben kam, als ich den Rehbock gerade aus der Schlinge zog. Siebenmal ist es gutgegangen. Bei diesem achten Mal, als ich an keine Gefahr dachte ... Nicht nachdenken, Brosius, nicht denken!«
Es gelingt Brosius dann und wann, alle Fragen abzuschütteln. Aber es kommen auch Stunden, da überfallen sie ihn wie gieriges Raubwild. Und der Utmannbauer weiß keine Antwort, weiß nicht einmal mehr den Rat, sich blind an die Vaterhand zu klammern.
Stimmen. Tritte.
Kommt einer, der sich erbarmen will?
Nein, darauf hofft keiner mehr in den Bollwerken. Brosius hebt seinen Kopf.
Schwere Männerstiefel, die sich nähern. Die Steckenknechte – Unheil droht! Er wälzt sich vom Stein auf den Erdboden.
Die Tür seines Käfigs wird aufgerissen. Moritz und Maximilian poltern herein. Ihr Laternenschein blendet. Sie schleifen einen hinter sich her, werfen ihn zu Boden und fesseln ihn an eine der leer hängenden Ketten.
Klirren – wüstes Schimpfen und Fluchen –, die Tür wird zugeschlagen.
Vorbei der nächtliche Spuk.
Brosius hört den anderen keuchen. Er richtet sich halb auf. »Fehlt dir etwas? Haben sie dir Schaden getan?«
Der horcht. Und wie er sich ein wenig hochgerappelt hat, versucht er des Sprechers Gesicht zu erkennen.

»Ein paar Schmarren nur, Brosius«, sagt er ruhig.
»Matthes!!«
»Ja«, nickt der nur. Und dann fast freudig: »Ich wußte, daß ich dich hier sehen würde!«
Keine Klage, kein Weh und Ach wie bei so vielen, die in diese Hölle geworfen werden.
Brosius ist hellwach. »Und ich habe gedacht, sie fangen nur die aufs Wild gehen?! Und das war nie Sache der Häusler, zumal der älteren.«
Matthes schweigt.
»Sag, warum haben sie dich hierhergeschleppt?«
»Laß dir genügen, daß wir beisammen sind.«
»Willst du mir vorgaukeln, die haben dich zu meinem Zeitvertreib hierhergebracht?«
»Bin nicht freiwillig hier hereinspaziert. Auch nicht aus Leichtsinn, das glaub mir. Mich hat der Rüxleben gefangen – wie dich. Einer hat damals beobachtet, wie er dich durch den Wald getrieben hat.«
»War es auf deinem Acker so arg mit dem Schaden?«
»Überall sind die Rudel aufgetaucht. Bald hier, bald dort. Schwarzwild vor allem. Seit Tagen wachten wir alle umschichtig. Konnten doch die Ernte nicht preisgeben! Sogar Sabina wollte einmal mit. Sie meinte, du hättest rechtgehabt. Wir ließen sie aber nicht.«
Brosius stiert auf die rissige Wand.
»Wollte dir das Herz nicht schwermachen ...!«
»Es ist zum Verzagen, Matthes!«
»Sabina redet anders. Sie ist getrost. Ich war gestern abend noch dort, ehe wir mit den Knüppeln in die Waldungen zogen. ›Gott weiß, warum alles so kommen mußte‹, hat sie gesagt. ›Ich will danken. Ich durfte ihn die Monate hindurch wiederhaben.‹ Und sie hält fest daran: Diesmal trägt er's mit festem Gottvertrauen und wankt nicht. – Willst du sie enttäuschen?«
»Erzähl mir mehr von daheim.«

»Daß sie für dich beten, weißt du. Auch die Kleinen falten ihre ungelenken Händchen und sagen es dem Jungen nach: ›An den Vater denk, lieber Herr Christus, sei ihm nahe und gib ihm viel Kraft.‹ – Was soll ich dir sonst noch erzählen? Sabina tut unverdrossen ihre Arbeit. Sie läßt sich die Hoffnung nicht nehmen: Einmal wird der Brunnen fertig werden. Gott gebe, daß du diesen Tag erlebst.«
»Der Brunnen fertig? Das kann lange dauern, Nachbar. Jahre vielleicht noch. Wir sind jetzt an die zwanzig Meter tief ...«
»Sabina sagt: Gott kann!«
Brosius begreift nur langsam, was ihm diese Botschaft bedeutet. Wie hatte ihn der Gedanke gequält, seine Frau würde jetzt doch den Mut verlieren. Und nun?
Sabina versteht ihn. Sie ist unverzagt wie zuvor. Trotz allem! Und dem Mann in Ketten steht plötzlich wieder jener Abend vor der Seele, sein erster Abend daheim, nachdem er geflohen war. Damals hatte er sie auch gefragt, ob sie nicht das Zweifeln ankäme über all der Ungerechtigkeit. Ein Psalmwort hatte sie ihm darauf gesagt. Er hatte es sich gut einprägen wollen, nun war es ihm wie verschüttet. Brosius grübelt nach, und langsam kommt ihm Wort um Wort zurück. Dann sagt er laut in die Stille hinein, daß Matthes aufschrickt: »Dennoch ...

Dennoch bleibe ich stets an dir,
denn du hältst mich bei meiner rechten Hand ...«

Tage vergehen. Drei, vier Wochen werden daraus.
Matthes und Brosius arbeiten nebeneinander im Brunnenschacht. Es pocht und kracht und dröhnt hier unten – wie alle Tage. Auch der Hunger, die Müdigkeit, die schmerzenden Glieder – alles ist wie sonst. Und doch kommt Brosius der Tag jetzt kürzer, leichter vor. Seine Hände arbeiten flink, er schlägt kräftig zu. Die beiden Gefährten sehen einer zum andern hin, immer wieder ...

Nebeneinander löffeln sie auch ihre Mittagssuppe. Sie haben sich heute ein wenig abseits gesetzt.

»Du bist nicht mehr traurig wie in jener Nacht, Brosius«, beginnt Matthes. »Gottlob! Deine Augen sind wieder hell. Ich spür's auch, du hast wieder frohere Gedanken ...«

»Ja, Gottlob, daß du mir Trost gebracht hast! Wer weiß, wie es sonst in mir aussähe. – Heute peinigt mich aber eine neue Sorge: Du bist krank!«

Matthes schrickt zusammen. »Nein, nein!«

»Warum willst du's nicht wahrhaben? – Hast du nicht verstanden, was ich dir zugerufen habe? Du solltest dich ein wenig ausruhen. Ich kann eine Zeitlang auch für zwei schaffen.«

»Nein, Brosius, das kannst du nicht. Du brauchst deine Kräfte noch. Du mußt wieder heimkehren ...«

»Und du?«

»Ich will dir's ehrlich sagen: Meine Arme schaffen's fast nicht mehr. Ach, Brosius, ich wünschte, ich könnte sterben. Wie gut muß es sein, aller Not enthoben!«

»Wie kannst du so reden? Willst du jetzt verzagen?«

»Du meinst, ich bin zu feige, das Leiden durchzustehn? Ich hab' mich selbst schon gefragt. Aber der Wunsch wird immer mächtiger in mir. Mittags schon sind meine Arme müde und matt. Die unendlich lange Zeit bis zum Abend will dann nicht vergehn. Seit Tagen schon.«

»Du hast kein Wort davon gesagt.«

»Ich dachte, es geht vorbei. – Brosius, ich freue mich aufs Sterben, wie ich mich meinen Lebtag auf nichts gefreut habe.«

»Denkst du nicht an Rose?«

»Für Rose sorgt der Herr. Vielleicht kommt sie zur Besinnung, wenn sie jetzt allein dasteht. Habe ich dir erzählt, daß sie ihr Glück mit Füßen tritt? Der schmucke, ehrliche Gregor aus Leubsdorf hat um sie geworben. Sie sagte rundweg nein.«

»Sabina wird sich um das Mädel kümmern.«
»Ja, ich habe keine Sorge um Rose. Und wenn du wieder daheim bist, sage ihr, der Vater sei jetzt frei. Er ist kein Fröner und Knecht mehr. Einer hat ihn losgekauft, dem ist er nun leibeigen. Aber unter seiner Hand wird keiner geknebelt und zur Strafarbeit gepeitscht. Sag ihr auch, zu dieser Freude auf den Heiland sei ich erst hier gekommen. Zuvor habe ich nie sehnlich ans Sterben denken können. Nur mit Furcht. Und alles ist Gnade ...«
»Du sprichst heute wie ein Magister, Nachbar. Und doch – ich kann mich aufs Sterben noch nicht freuen.«
»Du bist noch jung, ich versteh' dich. Und – Gott kann, sagt Sabina.«
»Es kommt alles, wie er will.«
»Ja, Brosius.«

Tags darauf, am Morgen. Seit einer Stunde sind die Gefangenen an der Arbeit.
Irgendwo an der Schachtwand löst sich ein Gesteinsbrocken, saust herab. Haarscharf an Brosius' Schulter vorbei. Mit seiner Spitze bohrt er sich in den bloßen Schädel des Mannes neben ihm – Matthes.
Kein Laut aus seinem Mund. Nur noch ein Zucken. Alles sind Sekunden ...
Gott hat geredet.
Brosius steht erschüttert. Lange.
Dann beugt er sich tief.

27

Hieronymus Lotter preßt seine Fingerspitzen an die Schläfen. Ein Brief des Vaters! Das Jahr ist um, das Jahr, in dem sich sein und Roses Glück entscheiden sollte. Darf er sich nun freuen? Oder enttäuscht der Vater ihn für sein Ausharren mit einer Absage?

Er ist erregt. Sein Herz jagt. Dennoch fürchtet er sich, das Schreiben zu öffnen.

Wägend hält er es in den Händen, als könne er so schon seinen Inhalt erraten. Endlich bricht er das Siegel auf ...

»Mein lieber Sohn, Du wirst Dich freuen. Ich habe Deine Angelegenheiten auf das beste erledigt. Die Mitteilung Deiner Verlobung ist bereits an den Kurfürsten abgesandt. – Du brauchst Deine Braut nicht abzuholen. Sie und ihr Vater kommen nächste Woche mit mir, um alles für die Hochzeit vorzubereiten ... Ich hoffe, Du wirst es Deinem Vater zu danken wissen ...«

Hieronymus liest den Brief wieder und wieder, hellen Jubel im Herzen.

»Wie unrecht habe ich Euch getan, Herr Vater! Ich habe wahrhaftig gedacht, Ihr wolltet mich nur hinhalten. Nun habt Ihr's doch für Euern Sohn gewagt. Verzeiht mir! Ich werde Euch die Güte nie vergessen, nie!

Und nun werde ich Rose wiedersehen. Ich habe mein Versprechen an den Vater gehalten und keine Verbindung mit ihr aufgenommen. Wie mag sie sich gesehnt, vielleicht gar gehärmt haben! Daß sie mir treu blieb, ist gewiß. Und den Kummer macht die Freudenbotschaft hundertmal wett. Man muß es nur wagen, dann gelingt jedes noch so kühne Unternehmen!

Ach Rose, Röslein! Was magst du gedacht haben, als der Schloßbaumeister kam? Wie wird er es wohl gesagt haben?

Heute kommt der Vater einzulösen, was der Sohn versprochen hat. Seid mir willkommen als meine Tochter! Ab heute seid Ihr frei, Ihr und Euer Vater. – Wie denn? Hat der Vater gleich das einfache, niedrige Häuschen gefunden?« überlegt Hieronymus auf einmal mißtrauisch. Aber er nannte wohl bei jener Aussprache ihren Namen und erwähnte auch, wo sie wohnt. Er kann sich nur nicht mehr darauf besinnen, weil ihm alles andere wichtiger erschien.
Daß der Herr Vater beide gleich mitbringt! Noch heute wird er, der Bräutigam, städtische Kleider für sie kaufen.
Hieronymus nimmt das Bild aus seinem Wams, das er damals dem Vater gezeigt hat, und betrachtet es lange. Es ist schon ganz abgegriffen, so oft hat er es im letzten Jahr in Händen gehalten. Gewiß war es Roses Liebreiz, der des Herrn Vaters Vorurteile überwunden hat. Er ist empfänglich für alles Schöne ... Was Seine Gnaden wohl für einen Preis gefordert haben? Vielleicht erfüllte der Kurfürst dem Herrn Vater sogar die Bitte, ohne einen Pfennig zu nehmen. Weiß er doch, sein Baumeister ist ihm ergeben wie kein zweiter unter denen, die ihm dienen. Ergeben von Herzen vor allem. Ein Fürst lohnt gewiß gern fürstlich, um seine Größe zu beweisen. Was ist da die Erfüllung jener kleinen Bitte, die den Kurfürsten nur zwei Buchstaben, das Ja, kostet?
So denkt Hieronymus. Er weiß sich nicht zu lassen vor Freude. Jemandem muß er sie jetzt mitteilen. Er eilt zu seinem Bruder Ludwig.
»Bruderherz, hast du Lust, ein Fest zu feiern?« fragt er geheimnisvoll.
»Warum nicht? Feste gibt es für mich zwar genug. Aber wie du dich aufführst, handelt es sich um etwas ganz besonderes. Willst du mir's nicht verraten?«
»Ich habe – Hochzeit! Hochzeit! Sehr bald sogar.«
Ludwig schaut ihn prüfend an. »Du – Hochzeit? Wo du seit Monaten nicht aus dem Hause gehst? Was treibst du für Heimlichkeiten?«

»Ihr solltet alle überrascht werden. Ich habe meine Braut im Erzgebirge gefunden.«
»Und hast nie von ihr gesprochen? Wer ist sie denn?«
»Laß dich auch damit überraschen. Heute nur soviel: Sie ist die Schönste, die Beste, die Liebreichste. Eine Frau wird mein eigen sein, wie sie in Leipzig keiner besitzt ...«
»Auch die älteren Brüder Lotter nicht?« fragt eine spitze Stimme plötzlich hinter Hieronymus. Eine kleine Hand legt sich Antwort heischend auf seine Schulter. Er schnellt herum.
»Verzeiht, Frau Schwägerin, ich meinte nur ...«
»Ich hörte, was Ihr meintet!« Fort ist sie wieder.
»Laß dir deine Freude nicht trüben, Brüderchen«, flüstert Ludwig ihm zu. »Hast du erst selbst eine Frau, wirst du bald mit diesem eigensinnigen Volk umgehen lernen ...«
Hieronymus lacht überlegen.
»... Jedes Wort so wählen, als stünde sie hinter dir. Frauen tauchen auf wie aus dem Erdboden.«
Und dann wieder laut: »Am Donnerstag kommen sie also? Dann möchtest du gleich morgen früh reisen, um sie abzuholen. Kann ich dir irgendwie behilflich sein?«
»Der Herr Vater wünscht nicht, daß ich hinkomme. Er bringt sie mit. Obwohl ...«
»Ich verstehe deine Ungeduld. Aber füge dich dem Herrn Vater, verärgere ihn nicht.«
»Nein, das will ich um keinen Preis.«
»Aber entgegenfahren kannst du dem Wagen am Donnerstag. Auf der Salzstraße wirst du ihn nicht verfehlen.«
»Ja, Ludwig, das will ich tun. Daß doch der Tag erst da wäre!«
Ein vornehmer Reisewagen mit zwei Schimmeln fährt im Trab zur Stadt hinaus. Es ist Vormittag. Das Gefährt begegnet wenigen Wagen in der gleichen Richtung. Die Kaufleute machen sich meist in aller Frühe auf, um ein gutes Stück ihres Weges hinter sich zu bringen. Sie machen ohnehin in

Leipzig oft ein, zwei Tage Rast, und wickeln sie Geschäfte ab, bleiben sie noch länger. Geht es aber weiter, dann mit dem Hahnenschrei.
Hieronymus sieht fortwährend aus dem Fenster. Und dem Kutscher ruft er schon zum dritten Mal zu: »Sobald Er von ferne einen Reisewagen sieht, mache Er mich aufmerksam! Es ist mir doch nicht etwa schon einer entgangen?«
Der Kutscher verneint schmunzelnd. »Nur Handelswagen, Herr!«
Einmal läßt Hieronymus anhalten.
»Die Pferde müssen ausruhen. Wir wollen sie nicht überfordern«, sagt er.
»Wir werden zu Mittag gerade an der Lindenschenke sein, die unmittelbar am Wege liegt ...«
»Trotzdem, legt die kleine Rast ein!«
»Wenn's sein soll – aber anfangs konnte er nicht schnell genug vorwärts kommen«, murmelt der Kutscher und schüttelt den Kopf.
Hieronymus bückt sich am Feldrain und pflückt einen bunten Strauß. Wiesenmargriten, Rotklee, Rainfarn, die rosa Flockenblume und blauen Rittersporn.
Als er ihm groß genug scheint, hält er ihn mit ausgestrecktem Arm abschätzend vor sich hin. Im Wagen vergleicht er ihn mit den teuren gekauften Rosen.
»Was könnte sie mehr freuen?« überlegt er. »Die Wiesenblumen werden ihr vertraut wie die Heimat sein – ich will ihr beide Sträuße schenken!«
Die Sonne hat den Mittag durchwandert, als der Kutscher ruckartig anhält.
Nachdem sie die Schenke verlassen haben, hat sich Hieronymus in Träume eingesponnen und darüber das Ausschauhalten fast vergessen. »Was ist?« fährt er deshalb erschrocken auf.
»Hier vorn an der Wegbiegung ein Reisewagen, Herr! Nicht mehr weit von uns. Seht Ihr ihn dort an den Büschen?«

»Das sind sie!« ruft Hieronymus. Schon ist er aus dem Wagen gesprungen. Als das andere Gefährt sich nähert, steht er lachend mitten auf dem Weg.
»Grüß dich Gott, mein Sohn!« steigt der alte Lotter aus. »Ich habe geahnt, daß dich die Neugier treiben würde.«
»Neugier nennt Ihr das, Herr Vater? Aber zuerst muß ich Euch danken, von Herzen danken!«
Er nimmt beide Sträuße in eine Hand, um mit der anderen die Rechte des Vaters zu schütteln.
Der Baumeister steht vor dem Wagenschlag, den er nach dem Aussteigen wieder hinter sich anlehnte. Hieronymus versucht, durch das Fenster zu spähen. Es ist mit Seide verhangen.
Als der Sohn seine Ungeduld nicht mehr verbergen kann, tritt der Vater bedächtig zur Seite. »Ich verstehe dich schon ...«
Hieronymus ist eins-zwei auf dem Trittbrett und breitet seine Arme aus. Ehe er ein Wort sagen kann, steht ein Herr im Wagen auf und überstürzt sich fast:
»Ich freue mich Eurer Freude! Seid mir willkommen als Eidam, lieber Hieronymus. Werdet glücklich mit Eurer Braut ...«
Hieronymus ist entsetzt zurückgewichen.
»Herr Vater!« Es ist ein Schrei eines Todwunden.
In der Wagenecke sitzt steif und feierlich ein ältliches Fräulein in vornehmster Garderobe, den Mund über den Bartstoppeln erwartungsvoll geschürzt.
»Nun reich ihm deine Hand, mein Kind!« fordert der Herr sie auf. Sie hält Hieronymus eine Sammlung funkelnder Ringe entgegen.
Der übersieht sie und würgt und würgt. Er bringt kein Wort mehr hervor. Die Blumen gleiten lautlos in den Staub.
»Die Freude macht's, die Freude!« schaltet der alte Lotter sich beflissen ein. »Was meint Ihr, Freund Hans, ich werde jetzt bei meinem Sohn mit einsteigen. Es gibt mancherlei zu bereden, womit die junge Braut überrascht werden soll. Bei

Sankt Johann am Grimmaischen Tor sehen wir uns wieder. Ihr könnt inzwischen ein wenig der Ruhe pflegen.«
»Wie gütig seid Ihr auf uns bedacht, Herr Schwiegervater«, näselt die Dame mit einem giftigen Seitenblick auf Hieronymus. Der verneigt sich kurz und steigt in das Schimmelgefährt, das inzwischen gewendet hat. Der andere Wagen fährt ab.
Mit rascher Gebärde hebt der Baumeister die Rosen auf. Vorsichtig staubt er sie mit dem Sacktuch ab und bläst sogar. Aber die Blüten behalten den grauen Schimmer. Mit dem Fuß stößt er die Wiesenblumen fort. »Was sollte das Unkraut?«
Dann setzt er sich neben den Sohn und gibt dem Kutscher ein Zeichen.
»Die werde ich nicht heiraten, Herr Vater, niemals!«, ist das erste, was Hieronymus hervorstößt.
»So – und wenn es dein Vater will?« Lotter bleibt ruhig, ihm kommt diese Stunde nicht unerwartet.
»Ihr werdet Euern Sohn nicht bewußt unglücklich machen wollen.«
»Jagst du deinem Hirngespinst noch immer nach? Hätte ich hier nachgegeben, könntest du mir diesen Vorwurf später mit Recht machen. So aber ...«
»Noch heute wird die Dame – ich weiß nicht einmal, wie sie heißt – alles erfahren. Ich will nicht zum Lump werden.«
»Wie ..., du willst deinen Vater bloßstellen? Ich habe Hans von Jenitz mein Ehrenwort gegeben, bedenke das! Er war von Seiner Gnaden geschickt, mich zu ... beobachten. Siehst du nicht ein, daß ich diesem Hieb begegnen mußte? Er schickte nur gute Nachrichten nach Dresden. – Nun nimm Rücksicht auf deinen alten Vater! – Außerdem: Kannst du eine noch bessere Partie erwarten? Margarete von Jenitz ist ein reifes Mädchen. Ihr Vater Seiner Gnaden Kammersekretarius. Er wird dich bei Hofe einführen. Und reich ist sie, schwerreich. Ich habe mich davon überzeugt. Wir

brauchen Geld ... Dazu ist sie von Adel. Was willst du also mehr?«
»Ein Herz – Ihr wißt es, Herr Vater.«
»Ihr werdet euch aneinander gewöhnen.«
»Niemals!«
»Sie wird sich dir in allem fügen.«
»Ich hasse sie!«
»Sei vernünftig – oder ich enterbe dich!«
»Herr Vater, was habt Ihr für den Handel bekommen? Sagt es nur frei heraus: Ihr habt mich verkuppelt, verkauft! Bin ich Euch denn leibeigen?«
»Willst du deinen Vater nicht verstehen?« versucht der Alte einzulenken.
»Nein!« Hart. Und scharf.
Lotter weicht dem Blick seines Sohnes aus. Er winkt dem Kutscher, daß er die Schimmel in Trab bringe.

28

Am nächsten Tag. Spätnachmittag.
Ein staubgrauer Reiter auf schlankem Rappen prescht nach Dresden hinein. Schnurstracks zum Kurfürstlichen Hof.
Kinder springen kreischend zur Seite. Ein Hund jagt kläffend ein Stück des Weges neben ihm.
Hieronymus achtet nicht darauf. Zu halber Nacht noch hat er sich in Leipzig aufgemacht. Keinem Menschen davon gesagt. Zweimal nur hat er sich und dem Pferd unterwegs eine kurze Rast gegönnt. Nur keine Stunde verlieren!
Bei Rose einkehren? Nein, erst wenn er heimreitet. Und dann wird er sie mitnehmen.

Er wird, er muß in Dresden Hilfe finden. Er ist keine Ware, um die zwei feilschen können. Das wird er dem Vater beweisen.

Wäre er damals nur gleich selbst zum Kurfürsten gegangen! Der wird ihm die Bitte nicht abschlagen.

Hoffnungsfroh schwingt er sich aus dem Sattel. Er ruft einen Stallknecht, wirft ihm die Zügel und ein Geldstück in die Hand. »Versorg ihn!«

Dann läßt er sich bei Seiner Gnaden melden. Er bitte in dringender Sache um eine Unterredung unter vier Augen. Und er wird vorgelassen. »Ein gutes Omen!«

Unverhohlen neugierig sieht August ihn eintreten.

»Eine dringende Sache habt Ihr vorzubringen? Nun wohlan!«

Ohne Scheu, aber betont ehrerbietig spricht Hieronymus. »Ich komme, Euer Gnaden um ein großherziges Wort zu bitten. Ich liebe ein Mädchen und möchte es freien. Sie ist Euch leibeigen, Euer Gnaden, eines Fröners Kind. Verlangt von mir, was immer Ihr wollt – gebt mir sie und ihren Vater frei. Ich bitte Euch untertänigst.«

Des Kurfürsten erwartungsvolles Gesicht hat sich während Hieronymus' Rede zur Grimasse verzogen.

»Treibt Ihr Euer Possenspiel mit mir?« donnert er.

»Es ist mein Ernst, Euer Gnaden«, reißt sich Hieronymus zusammen.

»So, Euer Ernst«, schiebt er seinen Kopf lauernd vor, »Euer Ernst. Dann hält mich also Euer Vater zum Narren?!«

»Verzeihung, Euer Gnaden, aber ich – verstehe nicht.«

»Verstellt Euch nicht! Mit eigner Hand zeigt mir Euer Vater heute Eure, ja *Eure* Vermählung mit Margarete von Jenitz an. Begreift Ihr nun? Steht mir Rede und Antwort!«

Hieronymus ist totenblaß geworden. August läßt keinen Blick von ihm. Er braucht Sekunden, ehe er wieder sprechen kann. Dann aber reckt er sich hoch auf.

»Der Herr Vater will mich einer Frau vermählen. Vielleicht

heißt sie so, wie Ihr sagt, Euer Gnaden. Ich weiß es nicht. Ich werde sie nicht heiraten. Niemals.«
»Oho, junger Freund!«
»Euer Gnaden, ich bitte Euch, gebt mir das Mädchen, das ich liebhabe.«
Da lacht der Kurfürst plötzlich laut und schallend. Er hält sich den Bauch, als wolle er sich ausschütten. »Hahahaha! Hahaha! Das ist ein Späßchen! Ja, wahrlich, so ein Späßchen hat man bei Hofe wohl selten gehabt! Hahaha! Aber ...« Er wird unvermittelt wieder ernst, »merkt Euch: Wir sind kein Heiratsmarkt.«
Und halblaut zu sich selbst: »Hm, dem alten Lotter und dem offenbar ›goldtreuen‹ Jenitz ein Schnippchen zu schlagen, das wär nicht übel. Aber durchschaut sind die beiden ohnedies. Wie also, wenn man die Vogelscheuche bequem vom Hofe brächte und dabei dem Grünling zeigte, daß er zu gehorchen hat? Wer dem Vater nicht pariert, ist auch dem Landesherrn nicht mit Sicherheit willfährig. Also ...«, er wendet sich Hieronymus wieder zu, der angespannt lauschte, »Ihr heiratet Margarete, die Euer Vater für Euch ausersehen hat. Wir befehlen es Euch!«
Hieronymus steht wie vom Blitz getroffen.
»Ich kann nicht, Euer Gnaden!«
Augusts Stimme wird drohend: »Geht!«
Ein Aufschrei: »Euer Gnaden!!«
»Kein Widerpart! Ihr habt Euern Bescheid!«
Wie ein geprügelter Hund taumelt Hieronymus hinaus. Er weiß später nicht mehr, wie er hinausgekommen ist. In ihm ist alles zerbrochen. Alles.
Als der Hofprediger zu später Stunde von einem Besuch nach Hause kommt, findet er den jungen Lotter vor seiner Tür. Weinend wie ein Kind. Und wie eines Kindes nimmt sich der Magister des Mannes an. Er fragt nicht. Er bringt ihn an sein Nachtlager und streicht ihm mit weicher Hand die Strähnen seines glattbraunen Haares aus der Stirn. Mit

einem festen Händedruck und »Behüt Euch Gott« läßt er ihn, den er kennt und liebt, allein.

Er braucht am anderen Morgen nicht lange zu warten, daß Hieronymus zu erzählen anfängt. Seine Not bricht aus ihm hervor wie das aufgestaute Wasser eines geborstenen Dammes. Philippus Wagner weiß bald jede Einzelheit. Er unterbricht Hieronymus nicht, nickt ihm nur dann und wann zu. Als er von seinem Besuch gestern beim Kurfürsten berichtet, würgt ihn wieder unterdrücktes Weinen. Aber er rafft sich zusammen. »Verzeiht, daß ich mich gehenließ«, bittet er. Und nach einer kleinen Pause, zaghaft, zweifelnd: »Könnt Ihr mich verstehen, Magister?«
Philippus blickt an Hieronymus vorbei, als er antwortet. Aber nicht, um ihm auszuweichen. Seine Augen sind weit und hell. »Als Ihr, Hieronymus, von Rose erzählt habt, von Eurer Liebe zu ihr, sind Erinnerungen in mir aufgestiegen. Sie liegen weit zurück. Doch ich sehe jetzt das Heimatdorf wieder vor mir, die ausgedehnten Weiden, die Hütte des Schäfers ... Damals habe auch ich mich nach einem Mädchen gesehnt. Ursula hieß sie. Ein für unseren Landstrich ungewöhnlicher Name. Sie war jenes Schäfers Kind. Glaubt Ihr mir, daß ich Euch verstehe?«
»Und Ihr habt auch versucht, daß sie Eure würde?«
Der Magister weiß, daß seine Antwort den Mann mit dem weichen Gemüt enttäuschen wird. Und doch sagt er unumwunden: »Nein.«
»Wie – Ihr habt ...?!«
»Ich bin in die Welt hinausgegangen und habe die Augen offengehalten. Nicht, daß ich Ursula darüber leichtfertig vergessen hätte. Aber ich habe eingesehen, daß sie an meiner Seite hätte tiefunglücklich werden müssen. Sie nicht mehr sehen, war hier die größere Liebe. Wir leben nicht allein. Wir sind unter Menschen und in eine Zeit hineingestellt. Und jeder Zeit prägen Menschen geschriebene und unge-

schriebene Gesetze auf, die wir nicht mit einer Handbewegung zunichte machen können, wären wir auch noch so mutig.«

»Die aber ihre Macht nutzen, um Menschen zu quälen, nur um ihres Geschäftes oder ihres Vergnügens willen, Magister, die sollen verflucht sein. Dreimal verflucht. Nein – tausendmal. Der Kurfürst, mein Vater, alle ...«

Beschwichtigend legt Wagner seine Hand auf Hieronymus' Arm. »Wie gut ich Euch verstehe, wißt Ihr. Aber verfluchen dürft Ihr nicht, auch nicht, die Euch quälen. Ich habe es in meinem Leben nicht immer leicht gehabt, Freund. Auch daß ich hier Hofprediger bin, ist nicht nach meinem Wunsch und Willen, das vertraue ich Euch in dieser Stunde an. Aber was uns unser Gott schickt, wohin er uns auch stellt – müssen uns, die wir ihn lieben, nicht alle Dinge zum besten dienen? Es hat lange gedauert, bis ich das so glauben konnte, wie es geschrieben steht: *alle* Dinge. Sollten wir, die wir alle Sünder sind, nicht versuchen, den anderen auch einmal von seiner Warte aus zu sehen? Den Kurfürsten zum Exempel in seiner Art, seiner Stellung, seiner Herkunft und Erziehung? Und Euern Vater, dem der Hof zur Amme seines Reichtums wurde?«

»Wollt Ihr damit alles entschuldigen, ihnen das Recht einräumen, so zu handeln, wie sie es tun?« braust Hieronymus auf.

»Nimmermehr! Sie müssen ihr Tun verantworten vor Gottes Thron; davon spricht sie nicht los, was ich hier nannte. Aber das Urteilen ist nicht unsere, ist allein des heiligen Gottes Sache.«

Nach kurzem Überlegen fügt er noch hinzu: »Vielleicht beten wir zu wenig für unsere Obrigkeit, daß ihr die Augen aufgetan werden.«

Dann nimmt er das kleine silberne Kruzifix vom Wandsims und stellt es vor den nachdenklich Gewordenen.

»Wir lehnen uns auf, wenn ein Weh uns trifft. Das ist unsere

alte Art. – Er hat willig gelitten um seiner Liebe zu uns willen.«
»Aber mein Vater ...?« bäumt sich Hieronymus noch einmal auf.
»Glaubt mir, Euer Vater ist nicht schlecht. Er ist nur in den Strudel seiner, unserer Zeit geraten. Aber ich weiß, auch ihm kommt die Stunde der Besinnung ...«
Hieronymus zieht das Kruzifix zu sich heran und nimmt es in beide Hände. »Rose«, sagt er, »ich darf sie niemals wiedersehen. Ich darf ihr das Ertragen nicht noch schwerer machen.«
Philippus Wagner sieht die Hände, die sich fest und fester um das kleine Kreuz legen.
»Behaltet's zum Gedenken an diesen Tag«, sagt er.

29

Der Amtsschösser Michael Urban Schmid sitzt im Dorfschellenberger Hirschen gähnend vor einem Krug Bier. Es ist nicht sein erster heute, denn vom Morgen bis zum Nachmittag ist eine lange Zeit. Dieser und jener saß inzwischen mit an seinem Tisch. Durch so ein Schwätzchen erfährt man wieder einmal, was in der Welt, im Dorfe vorgeht.
Der Schösser hat jetzt faule Zeit. Der Zehnte ist eingetrieben, und auf dem Bau ist nicht viel los. Die paar Leute, die innen arbeiten – da kann man die Schreiberei gut und gern dem Eyßvogel allein zuschieben ...
Ein breitschultriger, robuster Mann stiefelt herein. »Ah, der Schösser!«
»Grüß Euch, Bader!«

»Ein Sauwetter das!« stampft der ein paarmal derb mit den Füßen auf. »Naßkalt und dreckig. Gar nicht wie Januar ...«
»In der warmen Kneipe ist's heute gut sein.«
»Glaub's Euch, Schösser. Habt jetzt viel Muße, was?«
»Muß im Sommer dafür doppelt und dreifach schuften. Man kriegt sein Geld nicht umsonst.«
»Naja, und einmal ein wenig Ruhe tut jedem alten Hund gut«, lacht der Bader.
»Habt recht, habt recht«, stimmt der Schösser mit ein, »und – im Vertrauen – ich muß die Zeit nutzen. Lotter ist nämlich in Leipzig. Der hat sonst eine Spürnase, da kann man kaum einmal den Rücken drehen.«
»Ich habe den Baumeister erst vorige Woche noch gesehen.«
»Vorgestern ist er gefahren. In Leipzig haben sie ihn das siebente Mal zum Bürgermeister gewählt. Er will das Amt aber endgültig niederlegen. Kann die Arbeit nicht mehr schaffen, wie er sagte. Seine Gesundheit ...«
»Der Lotter und über die Gesundheit klagen! Das ist gewiß nur eine Ausrede. Wer weiß, weshalb er das einträgliche Amt jetzt ausschlägt! Der Lotter muß kerngesund sein. Solange er auf dem Schellenberg ist, hat er mich noch nicht ein einziges Mal gebraucht.«
»Tja, Bader ...« Schmid tut geheimnisvoll.
»Was soll das heißen: Tja, Bader!?«
»Wenn der Lotter mal krank ist, dann ...« Michael Urban Schmid schmunzelt vielsagend.
»Ihr seid heute recht sparsam mit Worten. – He, Wirt! Eine Kanne Bier für den Schösser! Und einen Krug für mich!«
»Keine Zeit, keine Zeit!« eilt der vorbei.
»Habt Ihr Töne? Keine Zeit für die Gäste! Wo ist das schon dagewesen?«
»He, hallo! Der Marbacher Lindenwirt hat auch gutes Bier!«
»Später ... Geduld ...!« fuchtelt der Wirt mit seinen langen Armen in der Luft herum. Ehe sich's der Bader versieht, ist er zur Tür hinaus.

Schmid schüttelt den Kopf. »Rast herum und kann nicht einmal zwei Gäste bedienen!«
»Drei Gäste!« mischt sich einer ein.
Sie fahren herum. Ein Fremder am Ecktisch, den sie gar nicht gesehen haben.
»Ein Handelsmann«, flüstert Schmid dem Bader zu.
»Alle Wetter! Seid Ihr durch den Rauchfang hereingeschlüpft?«
»Nein«, lacht der Fremde, »ich bin durch die hintere Tür gekommen. Ihr wart so emsig beim Erzählen, daß Ihr meinen Gruß nicht gehört habt.«
»Verzeiht ...«, murmelt der Schösser. Und der Bader dröhnt: »Wartet Ihr also auch schon so lange wie wir?«
»Eine halbe Stunde mag's sein. Aber man kann's dem Wirt nicht verdenken – so hohe Gäste, und unangemeldet!«
»Wie ...?«
»Ja, Seine Gnaden, Kurfürst August ist eingetroffen und wird mit einer Anzahl Höfischer hier übernachten, wie ich gehört habe.«
Für Sekunden sitzt Michael Urban Schmid wie vom Blitz getroffen. Kreidebleich das Gesicht. Dann springt er auf: »Bader, zahlt derweil für mich ...!«
»He, sagt mir nun erst noch ...«
Die Tür schlägt zu. Atemlos jagt der Schösser den Weg hinauf. Die Mütze in der Hand, den weiten Mantel schief über einer Schulter hängen. Wie eine Fahne flattert er hinter ihm drein.

Erst spätabends kommt Schmid nach Hause. Die Schösserin erwartet ihn schon an der Tür.
»Wo bleibst du so lange? Den ganzen Tag über hast du dich nicht sehen lassen! Warte!« zischelt sie. Gleich ist ihre Stimme aber wieder versöhnlich. »Wir haben feinen Besuch, Michel, ganz unerwartet.«
Der fährt sich in die Haare. »Wie – hier auch noch?«

»Was heißt: auch noch? Redest du kunterbunt? Warst du im Hirschen? – Der Bader ist's, er kommt in privater Sache zu dir. Wartet schon eine reichliche Stunde.«
»Ach, der ...«
»Nicht so laut, Mann!«
»Ihr kommt Euch wohl die ausgelegten Groschen einmahnen, Bader? Ich wäre sie Euch gewiß nicht schuldig geblieben!«
Mit verdrossenem Gesicht zieht der Schösser sein klimperndes Säckel heraus und bindet es auf.
»Laßt, Schösser! Nein, nein! Steckt Eure Gulden wieder ein. Habt Ihr im Ernst geglaubt, ich käme deshalb? Die Zeche bezahle ich, versteht sich. Aber etwas anderes seid Ihr mir noch schuldig: einen halben Satz! Besinnt Ihr Euch?«
»Ach, deswegen seid Ihr gekommen? Soso!« Schmid glättet seine Stirnfalten. Flink steckt er seinen Geldbeutel wieder ein. »Wie war das doch ..., wovon haben wir gesprochen?«
»Wenn Lotter krank ist, dann ...«
»Richtig. Kennt Ihr den Doktor Schröter aus Leipzig? Nein? Oh, der mag berühmt sein. Er war im November hier, als Lotter an der Gelbsucht darniederlag. Der Baumeister ließ ihn extra herzitieren.«
»Hm – so. Scheinheilig ins Gesicht, wenn er einem begegnet, aber sonst ihm nicht gut genug. Das wollte ich nur wissen. Na warte, Lotter!«
»Ihr werdet mich doch nicht verraten, Bader?« packt der Schösser ihn erschrocken am Ärmel.
»Wo denkt Ihr hin? Verraten, bewahre! Nur – man richtet sich danach. Das würdet Ihr gewiß nicht anders machen. – Was will denn Vater August zur Winterszeit auf dem Schellenberg? Ihr schient ziemlich erschrocken ...«
»Soll man da nicht einen Schlagfluß kriegen? Bedenkt: gänzlich unangemeldet! Nicht die Bohne hätte ich an so etwas gedacht! Viel fehlte nicht, und Ihr hättet mir Medizin verabreichen müssen.«

»Nun, es ging wohl noch einmal gut?!«
»Er hatte schon nach mir gefragt, war aber inzwischen allein inspizieren gegangen.«
»Er ist allein da?«
»Einen merkwürdigen Begleiter hat er bei sich. Kohlschwarz die Haare, die Augen, und dem finsteren Blick nach – nun, ich will nicht zuviel sagen. Wenn ich nur seinen Namen erfahren könnte!«
»Sie übernachten im Hirschen«, sagt der Bader nachdenklich, »da hat also auch Lotter nichts gewußt von diesem Besuch.«
»Gewiß nicht! – Der Schwarze hat noch gegen Abend versucht, Seine Gnaden zu überreden, man könne doch trotzdem in Lotters Haus übernachten, auch wenn er nicht anwesend sei. Ihm lag offenbar viel daran. Aber Seine Gnaden wollten nicht.«
»Hm – wollten nicht ...«
»Ach, es war ein anstrengender Tag«, seufzt der Schösser. »Dies und jenes verdroß den Kurfürsten zwar immer, wenn er hier war. Aber so ungehalten wie heute habe ich ihn noch nie gesehen. Das erste war: Zu teuer, zu teuer! Dann: Zu wenig Material, viel zuwenig! ›Wie soll es da vorangehen?‹ schalt er. ›Fast seit einem Jahr wird nun an der Innenausstattung gearbeitet. Man könnte vor Zorn platzen. Göding kommt mit den Malereien nicht vorwärts.‹ Der redete sich heraus: zu wenig Hilfsleute. Das wiederum schrieb Kurfürst August auf Lotters Schuldkonto. – Bis Martini sollte der Bau fertig sein. Nun hat schon das neue Jahr begonnen. Länger Frist als bis zu Pfingsten gibt es aber nicht, hat er gesagt, und wenn viertausend Leute daran arbeiten. Ha, die erdrükken sich ja! Aber ich habe wohlweislich dazu geschwiegen. Zornige Fürsten soll man nicht reizen, die sind wie ... Doch was rede ich da!«
»Wenn Lotter von den Geschehnissen wüßte!«
»Der würde sich vor Wut ins Hinterviertel beißen, daß er gerade jetzt nicht da ist. Gut, daß er's vorerst nicht weiß. Der

würde nächtelang kein Auge zumachen! Ist ja auch hart für ihn: erst der beste Freund, der Günstling vor allen anderen. Sie betteln ihn, da übernimmt er den Bau. Er geht auf für das Werk und den Bauherrn. Und nun ... Ich habe schon lange gemerkt, daß die beiden keinen guten Faden mehr spinnen. Dabei sollte der Kurfürst froh sein. Die Rentkammer knappst immer mehr und zahlt nur zögernd. Unsereiner hat die Sorgen damit. Nur gut, daß Lotters Beutel so prall ist! Das meiste Baugeld ist jetzt von ihm. Seine Gulden scheinen wie Unkraut zu wuchern. Weiß der Teufel, wie er das macht!«

Der Bader sitzt mit gierig lauschendem Gesicht. Erschrokken hält Schmid inne.

»Noch einmal, Bader: Ich bitt' Euch, plaudert ja nichts aus, was Ihr heute gehört habt. Kein Mensch erfährt sonst etwas von mir. Ich will nichts gesagt haben.«

»Verlaßt Euch drauf!«

Lotter geht im Wohnzimmer seines Leipziger Hauses auf und ab und auf und ab, die Arme auf dem Rücken verschränkt, den Nacken tief gebeugt. Auf und ab und auf und ab ...

Endlich bleibt er vor dem Kamin stehen und hält seine Handflächen in den warmen Feuerschein.

Ihn friert. Bis ins Innerste. Und das nicht, weil Winter ist. Ihn fröstelt neben den hellodernden Scheiten in der Fremdheit seines eigenen Hauses.

Wie gerne würde er heute einem seine Sorgen klagen! Er hat Freunde, er hat Söhne. Aber er hat keinen Menschen, zu dem er einmal vorbehaltlos offen sein könnte. Jahre hindurch hat er sich in der fürstlichen Gunst gesonnt, das war ihm genug gewesen. Jetzt, wo er alt ist, entgleitet sie ihm, wie ein Fisch nassen Händen. Er steht allein in gähnender Leere. In Hieronymus hätte er sich einen goldtreuen Freund gewinnen können. Es durfte nicht sein! Nein, nein, er will nicht bereuen, daß er ihn doch noch unter seinen väterlichen Willen gezwungen hat, auch wenn dieser Triumph einen faden Geschmack hinterließ. Er brauchte das Geld, das ihm sein Versprechen einbrachte, und er durfte sich Jenitz nicht zum Feind machen. Mag ihn der Sohn nun auch hassen ...

Lotters Züge sind eingefallen und grau. Er hat gestern und heute Hiobsnachrichten erhalten. Zu viel Bitteres an zwei Tagen.

Ein Brief kam von unbekannter Hand. Zuerst wollte er ihn unbesehen fortwerfen. Wer ihm etwas zu sagen hatte, sollte seinen Namen nennen! Dann hat er ihn doch gelesen. »Alles Lüge!« versuchte er sich einzureden. Und wußte doch: Es ist Wahrheit, wenn auch mit boshafter Feder geschrieben. »Seine Gnaden ungehalten ...« Der Schreiber des Briefes weiß viele Einzelheiten dazu.

Noch nie sind Seine Gnaden zu dieser Jahreszeit gekommen! Ach, ich ahnte schon die Krise. Und doch mußte ich hierherfahren ... Tag und Nacht wollte ich nun reisen, daß ich den Kurfürsten noch auf dem Schellenberg antreffen könnte! Aber er wird so lange nicht bleiben ...

Ich weiß, Seine Gnaden denken daran, in welch kurzer Zeit das hiesige Rathaus erbaut war. Nun wollen sie auch das Schloß im Handumdrehen fertig haben und bedenken doch nicht, wieviel schwieriger, teurer und zeitraubender als im Flachland dieser Bau auf dem Berg ist. – Zu alledem heut diese Schreckenspost!«

Lotter starrt aus dem Fenster. Der verschneite Garten hinter dem Haus ...

Hier ist er vor Jahren einmal die Wege entlang gegangen und hat mit sich selbst gesprochen wie heute. In seinem Garten belauscht ihn niemand.

Damals aber war es ein Freudentag gewesen. Noch nicht allzu lange, daß er die Geyerschen Bergwerke übernommen, und als guter Geschäftsmann hoffte er auf einigen Gewinn. Was die Gruben aber in jenem Jahr erbrachten, übertraf alles Erwarten.

Er war nie arm gewesen. Seit jenem Tag freilich zählte er zu den Geldleuten, die einen Namen hatten. Er konnte frei und großzügig arbeiten. Das Geld war es auch nicht zuletzt, das ihm den Landesvater zum Freunde machte.

Dann ging es Jahre hindurch aufwärts. Freilich schwankten hin und wieder die Einnahmen. Aber immer dann, wenn Lotter Geld brauchte, wenn er auf höchsten Gewinn rechnete, erbrachten ihn die Gruben auch.

Lotter war ein weitsichtiger Geschäftsmann, ohne Zweifel. Er wog die Erzgewinnung gegen die Absatzmöglichkeiten aus, erdachte neue Methoden zur billigeren Ausbeute des Gesteins.

Und dieses Jahr nun?

Er spekulierte auf den Höchstgewinn und – arbeitete mit Verlust. Zum erstenmal! Wie war der Fehlschlag möglich? Hatte er über den Sorgen um den Bau, den Bergwerken nicht die nötige Beachtung geschenkt?

Er hatte mit dem Höchstgewinn gerechnet, als brauche er nur die Hand danach auszustrecken.

In dieser Sicherheit hatte er das mütterliche Erbe seiner Söhne angegriffen, hatte noch gestern drei auserlesen rassige, teure Windspiele an den Kurfürsten nach Dresden abgeschickt, um ihn zu versöhnen. »Soll man verzweifeln? Nein, damit ist nichts gewonnen. Ich muß mir Geld verschaffen ... Tausende Gulden stecken in dem neuen Schloß. Darauf und auf meinen Lohn darf ich jetzt nicht hoffen. Wenn nun einer das taube Gestein kaufen würde? – Ja, ich muß es einem anpreisen. Und wenn ich das Geld einstweilen nur habe, nur zum Überbrücken ...

Ich muß meinen gnädigen Herrn wieder freundlich stimmen!«

30

Rose sitzt am Tisch, vor sich die dünne Abendsuppe. Gedankenverloren blickt sie ins Leere, den Löffel müßig in der Hand.

... wieder ein Tag, und Hieronymus ist nicht gekommen. Liegt er krank? Vielleicht verfehlte sein Bote diesmal das Haus? Oder war sie nicht daheim, als einer kam, ihr seinen Gruß zu sagen? Jeden Abend grübelt Rose. Jeden Abend läßt sie darüber ihre Suppe kalt werden und stellt die Schüssel dann achtlos beiseite. »Er hat versprochen, er wird kommen. Und der Vater wird Augen machen, wenn einer ihn aus dem Brunnenschacht holt! An diesem Tage werde ich den goldenen Reifen tragen ...«

Das Mädchen versucht mit aller Kraft, sich an diesen Gedanken festzuklammern, und kann doch nicht verhindern, daß es andere überfallen, wie der Stößer das Hühnervolk.

»Du wartest umsonst. Er hat dich längst vergessen. Niemals siehst du ihn wieder ...«

Tage reihten sich zu Wochen, Wochen zu Monaten.

Konnten diese Augen gelogen haben?

Der Gram frißt sich in Roses Herz. Und dennoch: »Ich warte!«

Es klopft.

»Sabina wird es sein«, denkt Rose und schaut auf.

Da steht Gregor Lihmann vor ihr.

»Gregor – du?«

»Ja, Rose. Wollte schon lange nach dir sehen. Aber ich dachte ... Ich hab' es gehört, Rose, das von deinem Vater. Wovon ernährst du dich jetzt?«

»Ich hab' die Häuslerstelle, die Ziege. Dazu bin ich jetzt im Taglohn auf dem Schellenberg. Du weißt ja, Weiber und Kinder müssen Lehm hinauftragen ... Was siehst du mich so erschrocken an?«

»Oh Rose, bist du krank?«
»Wie kommst du darauf?«
»Wie schmal du aussiehst, wie – abgehärmt ...«, stammelt Gregor. »Es ist wohl wegen Vater ...«
»Viel Arbeit«, weicht sie aus und geht das Feuer schüren.
Gregor steht noch immer an der Tür. Er dreht die Mütze verlegen in seinen Händen.
»Ich will dir helfen. Ich komme abends und helf' dir auf dem Acker.«
»Ich schaffe es allein.«
Gregor muß sie immer wieder ansehen. Ist das noch Rose? Der bittere Zug um ihren Mund, die gelbgraue Haut ... Struppig stumpf das Haar. Wie es damals glänzte!
»Du hast viel Kummer«, sagt er voller Mitleid.
Rose antwortet nicht.
Der Bursche faßt sich ein Herz. »Wie ist's, Rose, willst du jetzt ...?«
Sie läßt ihn nicht aussprechen.
»Nein, Gregor. Frag nicht erst. Es bleibt dabei: Ich kann nicht.«

Braungrau liegen die Wiesen. Hier und da noch verkrustete Schneeflecken, an denen der Märzwind leckt. Kahl die Buchen, Eichen und Birken zwischen den Nadelbäumen – der Winter ist noch nicht begraben.
Trotzdem herrscht auf dem Bauplatz schon reges Treiben. Lotter hat dieses Jahr frühzeitig mit den Außenarbeiten beginnen lassen. Jeder Tag, jede Stunde ist kostbar. Alle Arbeiten schreibt er sich auf, die noch zu machen sind, bis ins kleinste. Das Durchstreichen ist seine Feierabendfreude.
Alle Tage geht er außen herum und innen durch die Räume. Heute steht ein kleines Leuchten in seinen Augen: der Hofmaler ist gut vorangekommen. Lotter vergißt darüber für Augenblicke seine Sorgen. Für Augenblicke. Am Fenster über dem hinteren Tor bleibt er stehen. Er überschaut den künftigen Wirtschaftshof.

Weiber und Kinder hasten keuchend den Berg herauf, schwere Körbe vor sich, die sie oben ausschütten. Dann eilen sie nach neuer Last. Kaum, daß sie sich Zeit nehmen, mit dem Ärmel den Schweiß von der Stirn zu wischen. Ein Hin und Her, bergauf, bergab, voller Unrast. Lehm bringen sie herauf, Lehm! Lotter steht mit verbissener Miene. Er knöpft sein Wams auf. »Lehm! – Noch jeden Bau in meinem Leben führt' ich mit Kalk aus. Und doch – hier bleibt mir kein anderer Weg ...«
Der Kurfürst hat dem Baumeister einen neuen Kontrakt gemacht. Lotter kennt seinen Wortlaut fast auswendig.
»Auf Grund Unserer Anwesenheit auf dem Schellenberg im Januar bewilligen Wir heute für den Bau in Bausch und Bogen noch fünfundzwanzigtausend Gulden. Davon zehntausend zur Vollendung des Schloßbaues, fünfzehntausend für die Einrichtung der Wirtschaftsgebäude ...«
Fünfundzwanzigtausend Gulden – lächerlich! Ein Bruchteil der Summe, die Lotter errechnet hat, als Hans von Jenitz die Kostenaufstellung nach Dresden senden mußte.
Lotter hatte damals noch gedacht, mit dem Fürsichgewinnen des Kammersekretarius sei alles gewonnen. Nun dieser Akt der Willkür! Eine Fehlrechnung, wie die mit den Bergwerken.
Er hat nach Dresden geschrieben. Einmal, zweimal. – Keine Antwort. Was bleibt ihm anderes, als billiger zu bauen? Und billiger heißt: Lehm. Der wiederum muß billigst herangeschafft werden. Fahren ihn die Kärrner auf den Berg, macht das acht oder gar neun Pfennige für die Tonne aus. Jetzt gibt er sechs. Die Weiber müssen dafür achtmal einen Viertelkorb den Berg heraufschleppen, die Kinder laufen noch öfter. Und elfhundert Tonnen werden gebraucht. Vielleicht wäre die Arbeit auch mit fünf Pfennigen bezahlt?
Lotter muß jetzt rechnen, rechnen.
Trotz der billigeren Bauweise wird er noch etliche Gulden aus seiner Tasche dranwenden müssen, wenn der Bau fertig

werden soll. Und könnte er's, er setzte noch mehr aufs Spiel, um sich diese Niederlage zu ersparen. Lehm! Wie hämisch dieser van der Meer grinste, als die Kärrner die ersten Tonnen ausluden, unten am Fuße des Berges!
»Trotzdem! Unterkriegen sollen mich meine Neider nicht. Ich nehme einstweilen das Vermögen meiner Katharina. Die Söhne brauchen es nicht zu wissen, es ist ja nur geliehen. Schon nächstes Jahr wird wieder alles aufgefüllt, mit Zins und Zinseszins. Ich habe bereits überschlagen, welchen Ertrag die Gruben dieses Jahr erbringen werden. Sie müssen ihn erbringen! Es darf nicht noch einmal fehlschlagen! Und steht der Bau erst vollkommen in seiner Pracht und Schönheit, genieße ich auch Seiner Gnaden Wohlwollen wieder. Dann rechne ich ab ...«
Lotter fühlt mit einemmal einen Blick auf sich ruhen. Eines der Weiber hat ihn am Fenster erspäht. Ein junges, aber vergrämtes Gesicht, von blonden Flechten umrahmt. Unheimlich, die Augen! Die zwingenden Augen! Er weicht einen halben Schritt zurück. Schon gestern ist sie ihm durch ihren unruhig suchenden Blick aufgefallen. Lag nicht auch Anklage darin?
Jetzt geht sie wieder bergein, den leeren Korb im Arm. Der Weg ist gelb vom verbröckelten Lehm und glitschig. Da – sie gleitet, fällt. Zwei helfen ihr auf.
Lehmbesudelt steht sie da und blickt noch einmal zu Lotter herauf. Der hebt die Hand, unwillig ans Fenster zu klopfen. Nein – sie geht schon wieder ihres Weges.
Lotter steht noch lange.
Er sieht ein Kind zusammenbrechen über der Last seines Korbes. Ein Weib, die Mutter wohl, schleppt nun für zwei.
»Ich will es doch bei sechs Pfennigen für die Tonne belassen ...«
Dort – was ist das? Ein krausblonder, helläugiger Junge springt leichtfüßig über die Absperrung des Brunnenschachtes. Wirft sich auf die Erde, den Blick in die Tiefe gerichtet.

»Vater, Vater!!« schreit er hinunter. So laut, daß es Lotter in den Ohren gellt.
»Va – ter!«
Der Steckenknecht springt herzu. Die Peitsche saust ... Lotter wendet sich ab. Aber das Bild läßt ihn nicht los. Müßte man sich manchmal nicht doch erbarmen? »Wie soll man, wie? Vor allem anderen kommt der Bau zur Ehre Gottes!«

Der Tag verlischt. Schrill tönt die Feierabendglocke über den Bauplatz.
Andreas Utmann schwenkt freudig seinen leeren Korb. Unten entlädt die Mutter den letzten Lehm aus ihrem Karren. Nun fahren sie miteinander heim.
»Mutter, ich bin heute dem Steckenknecht entwischt!«
»Treiben sie auch Kinder an?«
»Das nicht! Ich war am Brunnenschacht und habe hinuntergerufen. Ich wollte endlich den Vater sehen.«
»Willst du Striemen im Gesicht tragen wie ich? Sei nicht so unbedacht, Junge! Du mußt warten, bis die Brunnenleute einmal oben sind. Dann winke dem Vater!«
Andreas seufzt. »Ich schau seit Tagen, Mutter. Mittags kommen sie gar nicht. Heute hab' ich einen Maurer gefragt. Weißt du, es arbeiten schon welche an den Ställen. Der sagte, die Brunnengraber müssen früh hinunter, eh' es hell wird. Und im Stockdunkeln kommen sie wieder herauf.«
Sabina entgegnet nichts.
»Ach, Mutter, wär' doch das Schloß erst fertig!«
»Hast du das Schleppen satt?«
»Nein. Denk, ich habe heute zehn Pfennige verdient. Hier ...«, er hält ihr das Geld strahlend entgegen.
»Du warst fleißig, Andreas.«
»Ich nehme den Korb aber nicht randvoll, Mutter. Ich will nicht schlappmachen. Ich muß alle Tage dort sein, wegen Vater. Aber wenn das Schloß fertig ist, kommen die feinen

Herrschaften und jagen. Da brauchen die Bauern nicht mehr hinaus, und es fängt sie keiner.«
»Woher hast du das?«
»Der Kaufherr hat es damals gesagt. Es ist ein Jagdschloß, was sie bauen.«
Und nach einer kleinen Pause:
»Mutter, ob der Vater mich gehört hat?«
»Ich weiß nicht, Andreas. Der Schacht ist gewiß sehr tief.«
»Und wie tief, Mutter! Hu, finster war's. Ich konnte niemand sehen. Aber ich weiß jetzt, warum der Herr Jesus den Vater da hinunter geschickt haben mag.« Andreas sieht die Mutter triumphierend an.
»Du weißt es?«
»Ja. Damit er's den anderen ein wenig licht macht.«

31

Am 3. Oktober 1571, abends im Hirschen.
»Na, Herr Wirt, Er macht Sein Geschäft mit dem Schloßbau! Man sieht's Ihm und Seinem Hause an, daß er nicht mehr nur Fronbauern zu seinen Gästen zählt. Die jetzt kommen, brauchen mehr als einen Humpen, was?!«
»Freilich, seit gebaut wird, ist bei mir ein wenig mehr los. Aber zum Schätzesammeln kommt unsereiner trotzdem nicht.«
Balzer Worm kneift ein Auge zu. »Habt Ihr nicht manchmal schon gedacht: Was kommt's bei denen so genau drauf an? Haben sie zehn, zwölf Humpen hinuntergegossen, merken sie schwerlich, was ich aufschlage!?«
»Herr – wo denkt Ihr hin? Der Hirschwirt bleibt ehrlich, auch wenn er noch so reiche Gäste bedient!«

»Glauben wir's Ihm«, lacht Wolff von Kanitz. »Bring Er derweil noch zwei Krüge. – Ha, da kommt der junge Baumeister! Drei Krüge also!« Erhardt van der Meer setzt sich an den Tisch der beiden.
»Nun, wie geht's, alter Freund?« klopft ihm Wolff von Kanitz vertraulich auf die Schulter.
»Nicht schlecht, Herr Wolff, man kann nicht klagen. Zwar bringt die Arbeit manchen Verdruß mit sich, aber wer wird das gleich schwernehmen?«
»Dachte mir schon, daß es Euch hier gefällt. Ich hörte, der Plan für das Gotteshaus sei von Euch entworfen.«
»Und auch verschiedenes andere soll nach Euern Vorschlägen verändert, verbessert sein«, fügt Balzer Worm an.
»Ihr seid gut unterrichtet«, nickt Erhardt geschmeichelt.
»Na also! Sagte ich Euch damals nicht zum Abschied, Ihr werdet hier Karriere machen!?«
»Offen gestanden, ich hatte mir's noch anders gedacht.«
»Hm – aber Lotter ist noch immer rüstig, trotz der Jahre, die er auf dem Buckel hat«, entgegnet Wolff.
»Trotzdem, Herr Erhardt«, plaudert der Stallmeister, »Seine Gnaden sind ihm nicht mehr hold gesonnen. Versteht Ihr mich?«
»Hab's schon gespürt und meine Augen offengehalten.«
»Der Kurfürst hatte ihm eine letzte Frist gestellt. Bis Pfingsten sollte der Bau endgültig fertig sein.«
»Und heute ist Anfang Oktober«, nimmt Wolff wieder das Wort.
»Zu Euch gesagt: Wir sind zur Inspektion da ...«
»Ja, Seine Gnaden hätten klüger getan, bald einem Jüngeren die Oberleitung zu übertragen.«
Es ist Mitternacht, als die drei ans Aufbrechen denken.
»Ihr werdet also am Hofe so vorteilhaft von mir berichten, wie Ihr mir's versprochen habt?« vergewissert sich Erhardt van der Meer noch einmal.
»›Euer Gnaden‹, werden wir sagen, ›hättet Ihr den jungen

Baumeister nicht in Euern Dienst genommen, wer weiß, dann wären heute vielleicht kaum die Grundmauern heraus!«
»Die ganze Zeche auf meine Rechnung, Wirt!«
»Wie der Herr Baumeister wünschen.«

Einen Tag später.
»Zwei lohnende Gäste, Weib, die beiden am Ecktisch! Die vertragen einen Abend mehr Bier, als ein Ackergaul in vierzehn Tagen Wasser säuft. Sind in der zweiten Morgenstunde erst heim, nun sitzen sie auch schon wieder ein ganzes Weilchen. Geb's Gott, daß sie lange auf dem Berg zu tun haben.«
»Wenn du nur nichts einbüßt, Abraham!?«
»Wo denkst du hin, Weib! Der eine ist der Kurfürstlich Sächsische Stallmeister, der andere ein noch höheres Tier. Ein Herr von …, wie ich erlauschte …«
»Hörst du nicht, Mann? Sie rufen nach dir!«
»Das Bier vom Hirschwirt ist gut, edle Herren!« schenkt ihnen Abraham neu ein.
»Es läßt sich trinken«, nickt Balzer Worm. »Da kommt der Amtsschösser, dem mundet's sicher auch. Stimmt's, Urban Schmid?«
»Zumal wenn einem die Kehle ausgedörrt ist wie mir …«
»Eine tüchtige Kanne gleich auf den Tisch!«
»Diesmal brauche ich wohl nicht stundenlang zu warten«, flüstert Schmid dem Wirt zu.
»Reibt mir's nicht jedesmal unter die Nase, ich bitt' Euch!«
»Ihr seid also gekommen, den Bau zu inspizieren?« wendet sich der Schösser an die beiden vom Hofe.
»Balzer Worm kam zur Rücksprache wegen der Ställe«, beginnt Wolff, »und ich …«
Balzer gibt ihm unterm Tisch einen Tritt.
»Das heißt«, lenkt Wolff um, »das heißt, ansonsten inspizieren wir beide den Stand der Dinge.«

»Wie steht's nun – weht für Lotter wieder ein günstiger Wind?«
Balzer wiegt sein Stallmeisterhaupt. »Günstiger ...?«
Und Wolff zuckt die Achseln. »Das kann man schwerlich behaupten. Nun ist's aber so ...« Wolff zwinkert Worm zu, »nun ist's so: Seine Gnaden geben Lotter nicht mehr allein die Schuld, daß der Bau nicht vorangeht. Alle, die hier Rang und Namen haben, trifft der kurfürstliche Zorn. Sie waren faul, untüchtig, nicht auf ihren Herrn bedacht ...«
»Wie?« Michael Urban Schmid sitzt mit offenem Mund. »Der Schösser gehört doch wohl nicht zu denen ...?« stammelt er.
»Nun, habt Ihr einen Namen in Dresden oder nicht?«
Da verlieren des Schössers Lippen vollends ihre Farbe. – »Die dritte Stunde ist angebrochen. Ich meine, nun ist's Zeit, Balzer.«
»Hast recht, Wolff!«
»Ihr wollt schon gehen? – Versprecht mir's, Herr Wolff, und auch Ihr, Herr Balzer, sagt es Seiner Gnaden: Der Schösser hat das Seine getan. Der Schösser hat mitunter mehr getan, als ihm zukam. Der Schösser ist Seiner Gnaden treuester Untergebener auf dem Schellenberg ...«
»Abgemacht, Schösser!«
Schmid atmet auf.
»He, Wirt! Die Zeche bezahle ich, der Amtsschösser Michael Urban Schmid!«
Balzer knöpft seine Augen weit auf und nickt zufrieden. Über Wollfs gedunsenes Gesicht zieht ein breites Grinsen.

5. Oktober 1571, nachmittags.
Balzer Worm und Wolff von Kanitz haben ausgeschlafen und wollen sich gerade wieder aufmachen.
»Wohin nun heute?«
»In den Hirschen, versteht sich. Ich habe Lotter gestern Bescheid sagen lassen.«

»Ehe das Schloß fertig ist, lassen wir uns noch einmal herbeordern! Drei billige Abende hintereinander! Die platzen vor Neid, wenn wir's daheim erzählen!«
Ein Bote kommt: »Lotter erwartet die Herrn vom Hofe in seinem Hause ...«
»Verflucht und zugenäht! Dieser Geizkragen!«
»Na, ganz trocken wird er uns auch nicht sitzen lassen.«
»Wollen's hoffen!«

»So, Stallmeister, mit Euch hätte ich wohl alles Nötige besprochen. Wir sind uns einig: hundertvierzig Boxen für die Pferde. Und die Einrichtungen, wie ich mir's aufgeschrieben habe. – Nun zu Euch, Herr Wolff.«
»Nana, hübsch langsam, Baumeister! Werdet doch erst ein wenig verschnaufen, ehe Ihr weitermacht. Ich meine, Ihr werdet durstig sein vom Reden ...«
Lotter versteht. »Jakob, noch eine Kanne Wein!«
Und während sie trinken: »Wie kam es, Herr Wolff, warum haben Seine Gnaden diesmal Euch geschickt?«
»Ihr wollt sagen: Vergangenes Jahr war der Herr Kammersekretarius da. – Nun, nehmt's nicht übel, Baumeister, mit dem hatte er ja den Bock zum Gärtner gemacht«, Wolff lacht. »Von mir weiß der Kurfürst, ich habe niemand zu verheiraten. Und eine Tochter für mich selbst habt Ihr nicht, Lotter, wie ...?«
Der Baumeister verbirgt seine saure Miene noch rechtzeitig hinter einem Lächeln.
»Habt Ihr Euch gestärkt? Gut, dann können wir beginnen. – Also eine neue, haargenaue Aufstellung, was alles fertig ist, sollt Ihr bringen ...«
»Ja, Ihr braucht mir alles nur anzugeben. Ich schreib' es auf. Sollt sehen, in einer Stunde sind wir weit.«
»Ich meinte, Ihr hättet Euch selbst umgesehen und ...«
»Freilich, das auch, das auch. Aber die Einzelheiten – ich verlasse mich darin auf Euch.«
»So fangt an beim ersten Haus am Berg.«

»Darin ist alles fertig«, beeilt sich Wolff einzuflechten.
»Ja.«
»Na seht, wie gut ich unterrichtet bin!«
»Habt Ihr auch gesehen, daß die Keller noch ausgeräumt werden müssen? Nein? Nun, dann schreibt's mit dazu.«
»Jetzt das Haus an der Linde, Baumeister.«
»Das ist ganz und gar fertig mit Kellern. Ebenso das Küchenhaus. Darin müssen nur noch etliche Kammern und Boden unterm Dach gedielt werden. – Wenn es Euch wissenswert erscheint, schreibt auch auf: In allen drei Häusern fehlen noch Brandeisen in die Schornsteine.«
»Nun das vierte Haus, Meister Lotter. Da fehlt noch allerlei hinein. Die Fenster, zum Exempel.«
»Die liegen bereit. Das Haus selbst ist fertig mit Gemäuer, Gewölbe und Dachung. Die Maurer sind hier noch beim Weißen.«
Wolff kritzelt emsig.
»Die Kirche ist fertig mit Gemäuer, Balkenwerk und Dachung, bis auf den Predigtstuhl. Altar und Gestühl können eingeordnet werden. Die Keller sind fertig bis auf die Decke. Daran malen die Maler. Die Ställe sind fertig bis auf die Dächer ...«
»Bis wann wollt Ihr sie unter Dach haben?« will Balzer Worm wissen.
»Heute ist der fünfte Oktober ...«, Lotter denkt kurz nach. »Sie sind bis Ende dieses Monats fertig.«
»Bis dahin sind es nicht einmal mehr vier Wochen. Habt Ihr das bedacht?«
»Eine kurze Zeit, ja. Aber was ich sage, gilt: Bis zum 31. Oktober sind die Stalldächer gedeckt.«
»Ha, Baumeister, das glaub' ich nicht.«
»Und ich noch weniger«, grinst Wolff.
»Wetten?«
»Oho, der Herr Baumeister will's uns beweisen! Was gilt's, wieviel ist Euch Euer Wort wert?«

»Jedem von Euch beiden ein Faß Wein, wenn ich's nicht halte.«
»Und Ihr das gleiche also von uns, solltet Ihr doch gewinnen. Aber damit rechnet nur erst gar nicht, uns ist das unsere sicher. Haha, das gibt ein Fest! Da sind wir ein paar Tage lang weinselig. Die Fässer leeren wir hintereinander, was Balzer?!«
»Etwa gar ohne abzusetzen?« hänselt Lotter.
»Das gerade nicht. – Ihr werdet doch eine edle Sorte spendieren?«
»Schweren Tokaier, einen alten Jahrgang. Der mundet Euch gewiß – wenn Ihr ihn erst habt. Hoffentlich ist der meine, den ich gewinne, nicht minder edel.«
»Wollen wir darüber erst Worte machen?«
»Ei freilich, was dem einen recht ist, ist dem andern billig.«
»Also die gleiche Sorte. Ihr beschafft sie uns dann.«
»Abgemacht! Schlagt ein!«
»Nun, Balzer?« klopft Wolff dem Stallmeister heimzu auf den Rücken.
»Einträglicher als ich dachte, Freund!«

32

30. Januar 1572.
»... und weihen heute diese Kapelle auf dem Schellenberg dem Herrn Christus.«
Hofprediger Magister Wagner steht als erster auf der neuen Kanzel. Freien Blickes steht er und verkündigt lauter und klar Gottes Wort. Keiner seiner Zuhörer ahnt, wieviel Not ihm diese Predigt machte.
»Die erste ›Bergpredigt‹ verpflichtet, Philippus!« hatten ihn

seine Freunde am Hofe ermahnt, als der Tag der Kirchweih bekannt wurde. Sie kannten des Predigers Abscheu, Werkgerechtigkeit zu rühmen, und wußten doch: Diesmal will der Kurfürst hören, daß ihm für diese Tat sein Platz im Himmel sicher ist, seine Emporenloge wie hier im neuen Gotteshaus.
»Was würde unser Doktor Luther dazu sagen?« entgegnete Wagner auf alle wohlmeinenden Reden.
Und dann ist die Versuchung doch gekommen: Mußte er sich nicht wenigstens diesmal überwinden?
Lange saß er in seiner Studierstube und schrieb.
»Gesegnet Seine Gnaden, unser hochgelobter Kurfürst, der Erbauer dieser Stätte zur Anbetung im neuen Glauben«, schrieb er. »Selig das Volk, das sich eines frommen und gerechten Landesvaters rühmen kann, nie ermüdend in guten Werken im Namen des Herrn ...«
Er legte die Feder beiseite. Da stand das Heer der Fronarbeiter vor seinen Augen, stand der verbitterte junge Hieronymus ... Er las die Sätze noch einmal. Dann strich er sie durch, zornig über sich selbst. Solange strich er durch, bis alles unleserlich war.
Da war auch schon wieder die andere Stimme: Kitzeln nicht alle bei Hofe gern ihres Herrn Ohren? Sollte er nicht wenigstens das Textwort beibehalten, das zweifellos des Kurfürsten Beifall finden würde? »Ihr seid das Licht der Welt. Es kann die Stadt, die auf einem Berge liegt, nicht verborgen sein. Man zündet auch nicht ein Licht an und setzt es unter einen Scheffel, sondern auf einen Leuchter; so leuchtet's allen, die im Hause sind. Also laßt euer Licht leuchten vor den Leuten, daß sie eure guten Werke sehen und euern Vater im Himmel preisen.«
Ein Bibelwort – was also war Verwerfliches daran?
»Nein!« sagte Philippus Wagner laut, »nein!« und zerriß das Blatt in klitzekleine Fetzen. Das Wort war Gottes Wort. Aber seine, des Magisters Auslegung wäre hier Menschendienerei, Buhlen um Gunst geworden, das wußte er.

»Nein!« sagte er deshalb noch einmal. Er würde den gekreuzigten Christus predigen, dem das Gotteshaus geweiht werden sollte. Nicht mehr, nicht weniger. Mochte danach geschehen, was immer wollte. Mochte ihn der Kurfürst einkerkern wie Sagittarius, des Hofpredigers Vorgänger, wie seinen Doktor und seinen Kammerrat. Die lagen in den tiefsten, unwürdigsten Verliesen, weil sie die Glaubenslehre ihres Herrn nicht bis ins kleinste teilten. Philippus Wagner schämte sich, daß er hatte kratzfüßeln wollen. Wie wenig war es denn auch nütze?! Der Lotter zum Exempel – hat er dem Kurfürsten nicht stets nach dem Munde geredet? Er hat sein eigenes Gewissen geknebelt um seines Gebieters Gunst willen. Und nun?

Mit Schimpf und Schande davongejagt. Kein Mensch darf seinen Namen mehr nennen.

Vor seinem Gott auf den Knien ließ sich der Magister die Worte für die Weihepredigt schenken.

Und heute steht er ohne Menschenfurcht auf der Kanzel der Schellenburgkapelle. Hin und wieder streift er mit einem flüchtigen Blick die Kurfürstliche Emporenloge. Nur Mutter Annas Augen begegnet er dabei. Der Kurfürst scheint ins Leere zu starren.

Er hört auch kaum auf die Predigt. Zu sehr beschäftigen sich seine Gedanken mit dem Schloß, mit seinem Schloß. »Ha – sie werden staunen, die es sehen: fünf große Säle, sechsundsiebzig Zimmer, dreiundneunzig Kammern und fünfundzwanzig Keller. Die fassen wenigstens dreihundert Faß Wein.

Mit offenen Mäulern werden sie gaffen, die heute kommen. Hoffen Wir, Graf Rochus hat alles gut studiert, damit er's Unseren Gästen auch richtig aufzählt. Nach der Tafel wollten Wir sie herumführen lassen ... Hm, als Vorspeise wäre der Genuß vielleicht größer, sonst sehen sie schließlich alles doppelt – oder auch nur halb, je nachdem. Die Hasenbilder Unseres Hofmalers werden Unsere Gäste begeistern, die

müssen sie mit Verstand sehen. Vierundneunzig verfertigte der Braunschweiger auf dem frischen Putz – einzigartig gelungen! Witz und Humor hat dieser Göding, das müssen Wir ihm lassen. Die Idee auch: die Erhebung des Hasenvolkes gegen seine Feinde.
Die Hasen schlagen die Menschen in die Flucht, richten eine Hasenherrschaft auf und übernehmen alle menschlichen Geschäfte. Wir haben Uns alles genau betrachtet und erklären lassen, lag doch der Verdacht nahe, Heinrich Göding wollte damit gar etwas anderes sagen. Er hat immerhin die Meutereien miterlebt ... Aber das Ende ist beruhigend: Die Kraft der Hasen schwindet, die Menschen siegen wieder. Die alte Ordnung ist hergestellt, und die Hasen wandern wie ehedem in die Kochtöpfe.
Ja, niemand wird sagen können, Wir legten das Werk des Schlosses auf dem Berge nicht in die Hände genialer Meister. Der Lotter ausgenommen. Dieser Hundsfott! Er hat seinen Lohn! Dafür wird der Name des neuen Baumeisters einen um so reineren Klang haben.
Sonst aber – wenn Wir Uns den Altar betrachten: Wer tut's dem Salzburger Holzschnitzer, dem Schreckenfuchs, gleich? Wo findet einer einen dritten Cranach? Nur zu loben, wie naturgetreu er Uns und Unsere Familie konterfeiet! Und das vor allem: Unsere Augen folgen dem Beschauer, wohin es auch sei. Das zu erkennen, wird dem Volk ungemein nützlich sein. Es wird die Leute vor mancher Untreue bewahren ...«
»Amen!« sagt der Magister.
Der Kurfürst schreckt auf. Ja, richtig – Kirchweihe!
»Wir wünschten nur, der Doktor Martinus könnte diesen Tag erleben. Der wüßte Uns auch Lob und Ehr, meinen Wir. Gute Werke ... Sie werden uns im Himmel wohl belohnt werden!«

In der Nacht darauf schneit es. Nicht viel, aber der frische Schnee überzieht das Land neu blendendweiß. Der alte lag schon ein wenig morsch.
Ein brauner Hengst stakt müde von Waldkirchen gegen Erdmannsdorf. Gebeugt hockt ein alter Mann mit totscheinenden Augen in seinem Sattel. Und der Braune läßt den Kopf hängen, als drücke ihn dieselbe Last wie seinen Reiter.
Jetzt führt der Weg über einen Hügel. Der Alte läßt droben das Tier ruhen. Wie es sich umsieht, werden seine Augen lebendig. »Siehst du das Land rings im Feierkleid, mein Adonis?« klopft er des Braunen Hals. »Die Wälder, die Höhen ... Was ist ihre Schönheit aber gegen das Juwel dort auf dem Berg? Mein letztes, mein liebstes, mein Sorgenkind ... Eine Mutter kann ihr Kind nicht heißer lieben als ich dieses Schloß. Hab' dir's in den letzten Wochen oft gesagt, mein Brauner. Dir kann ich's sagen, du bist ohne Falsch. – Wenn ich die vier Türme sehe – wie sie grüßen, wie sie mir zuwinken ... Entlassen – mein Hirn will's einfach nicht begreifen. Habe ich nicht getan, was ich konnte? Heute noch scheute ich kein Opfer für meines Herrn Zufriedenheit und soll's die – Seligkeit sein.«
Auf dem Weg ist gutes Vorankommen, sein Grund ist festgetreten, und der Neuschnee nur wie ein feiner Teppich darübergebreitet.
Zwei Kinder gehen vor dem Reiter her. Zehn, elf Jahre alt mögen sie sein. Als er näher kommt, hört er sie singen.

»Von Gott will ich nicht lassen,
denn er läßt nicht von mir,
führt mich auf rechter Straßen,
sonst ging ich in der Irr.
Er reicht mir seine Hand,
den Abend und den Morgen
tut er mich wohl versorgen,
wo ich auch sei im Land.«

Jetzt hören die Kinder das Pferdegetrappel hinter sich. Sie bleiben stehen.
»Was ist das für ein Lied?« spricht Lotter sie an.
Die beiden Jungen sind nicht scheu. »Es ist ein neues Lied. Unser Magister hat's uns gelehrt«, antworten sie wie aus einem Munde.
»Wollt ihr mir's noch einmal singen?« bittet der Alte.
»Wir kennen noch einen Vers dazu.«

»Wenn sich der Menschen Hulde
und Wohltat all verkehrt,
so find't sich Gott gar balde,
sein Macht und Gnad bewährt.
Er hilft aus aller Not,
errett't von Sünd und Schanden,
von Ketten und von Banden,
und wenn's auch wär' der Tod.«

Lotter blickt über die Kinder weg ins Weite. Die stehen unschlüssig, ob sie weitergehen sollen.
»Den zweiten Vers noch einmal«, sagt er bewegt. Und als sie ihn mit großen Augen ansehen, wie entschuldigend: »Bitt euch, lieben Kinder. Will's auch lernen, euer neues Lied ...«
Da stimmen die Buben noch einmal an:

»Wenn sich der Menschen Hulde
und Wohltat all verkehrt,
so find't sich Gott gar balde ...«

Lotter lauscht den Worten nach. Der Menschen Huld und Wohltat ... Wie der glitzernde Schnee in der Wintersonne. Eine Zeitlang liegt er und blendet. Eine Zeitlang.
»Dank euch, lieben Kinder«, sagt er schließlich und greift in seinen Mantel.

Armer Leute Kinder – sie wissen vor Staunen kein Wort, als sie jeder ein paar blanke Groschen in der Hand halten.

Adonis trägt seinen Reiter den bekannten Weg von Erdmannsdorf bergan. Oben will er auf des Baumeisters Haus und auf seinen Stall zu. Der Weg von Geyer her war anstrengend. Für beide. Aber Lotter lenkt den Hengst zum Schloß hinauf. Er kann nicht eher rasten, bis er mit Seiner Gnaden gesprochen hat. Antreffen wird er den Landesherrn, denn gestern war – Kirchweih. Kirchweih – ohne den Baumeister. Bitterkeit fällt ihn an. Er vermag sie nicht abzuschütteln: Die Kirchweih war nicht ohne Baumeister, wenn auch ohne ihn, ohne Lotter. Der Niederländer war da, der sie entworfen. Und ist auch einer da, der jetzt das Zepter schwingt. Der, dem er damals auf Seiner Gnaden Befehl die Zeichnungen aushändigen mußte. Seine Pläne und alles, was er für den Bau in Händen hatte. Graf Rochus von Linar hieß er. Lotter hat sich den Namen gut behalten ...
»Will schauen, wie weit sie in den Wochen gekommen sind. Drei Eckhäuser und alle Zwischengebäude habe ich fertig verlassen. Im vierten Haus und in den Wirtschaftsgebäuden gab es nur noch Innenarbeiten, die kein Wetter hindert. Müßte der Vollendung nun nahe sein. Will schauen, nur schauen ...
Zuerst aber werde ich Seiner Gnaden meine Abrechnung vorlegen. Fünfzehntausend Gulden habe ich hier mit hineingebaut. Seine Gnaden werden das Geld von dem Entlassenen nicht länger wollen. Und meinem Beutel tut's arg not, daß ich ihn wieder fülle. Zum zweiten Mal Verlust in den Gruben – verlernt einer denn im Alter das Rechnen?«
Pferd und Reiter sind vor dem Schloßtor angekommen. Es ist – verschlossen. Ein Wachmann davor.
»Was ist Euer Begehr?«
»Ich komme zu Seiner Gnaden. Laßt mich passieren!«
»Ihr seid doch der ...? Nein, Ihr habt keinen Zutritt!«

Der Alte neigt sich hinunter, als habe er's nicht verstanden.
»Ihr – habt – keinen – Zutritt!« schreit ihm der Wachmann jedes Wort einzeln ins Ohr.
Hinter dem Tor ein gellendes Lachen. Lotter erkennt einen pechschwarzen Haarschopf, höhnisch funkelnde Augen.
»Ich komme nur abzurechnen. Mehr – will ich nicht. Geht, sagt das Seiner Gnaden.«
Und als der Wachmann zögert: »Sagt, ich bitte – inständig – um Einlaß.« Die letzten Worte nur noch ein heiseres Ächzen.
Arbeiter scharen sich hinter dem Tor, ungeachtet des schwarzen Gecken. Der fackelt nicht lange. Er trägt einen Ziemer wie die Steckenknechte.
Lotter senkt seinen Blick. Sein Körper krampft sich zusammen. Schuld! Schuld!
Soll er den Leuten nachschreien? Soll er flehen um ihre Vergebung? Noch ist das Tor verschlossen. Erst muß er hinein ... Da kommt der Wachmann wieder: »Seine Gnaden kennen keinen Lotter. Haben nie einen gekannt. Fremde haben auf dem Bauplatz nichts zu suchen.«
Kann ein Mensch so ohne jedes Erbarmen reden? Oh ja! Und nicht nur der Wachmann, den Graf Rochus bestellt hat.
Lotter sieht sich auf dem Bauplatz, sieht wunde Hände, anklagende Augen, hört die Feldzeichen scheppern ... »Los, los, das Werk muß vorankommen!«
Und alles um seines Herrn Gunst. Wie hatte er auf dem Weg noch gedacht? Seine Seligkeit würde er für Seine Gnaden zum Opfer bringen. Ja, auch jetzt noch. Aber hat er sie noch zu bringen? Hat er sie nicht längst verscherzt wie seines Gönners Freundschaft?
»Schuld!« schreit es in seinem Innern und will nicht stille werden.
Vielleicht erfahren es die Fröner morgen oder übermorgen. Lotter ist verarmt. Er ist fast so arm von dannen gezogen,

wie sie sind. »Wir kennen keinen Lotter ...« Er wird seine fünfzehntausend Gulden nie wiedersehen. Seine Söhne müssen ihn verachten, ein gutes Teil ihres mütterlichen Erbes ist dabei.
Lotter führt Andonis in den Stall, gibt ihm zu fressen. Dann schließt er sein Haus auf. Niemand wartet auf ihn, es ist leer und kalt.
Wird sein Leben noch einmal ein warmer Sonnenstrahl treffen? Schuld – Schuld!
Der alte Lotter spürt in dieser Stunde am eigenen Herzen, was er säte: Not – Verzweiflung – Enttäuschung. Preisgegeben ist er Gottes Macht, Gottes Strafe. Verloren. Ein verlorenes Leben ... Oder doch nicht? Wie hieß es doch in dem neuen Lied, das die Kinder sangen?: »Er hilft aus aller Not, errett't von Sünd und Schanden ...«
Über Lotters Pult hängt ein Bild. Jesus und das verlorene Schaf. Hieronymus hat es ihm gemalt, sein Sohn. Damals noch, zuvor.
»Hieronymus«, schluchzt der Vater, »Hieronymus ...« und läßt seinen Tränen freien Lauf.

33

»So, Steiger, hier ist der Kübel.«
Der junge Helferknecht setzt den Holzeimer am Brunnenschacht nieder. »Grützbrei kriegen sie heute. Aus dumpfem Korn ..., riecht einmal hinein!«
Der Bursche schüttelt sich.
»Ist nicht das erstemal, Hans, daß sie solchen Fraß kriegen. Wassersuppe, Grützbrei und wieder Wassersuppe – so geht es schon wochenlang. Wirst noch manches sehen, wenn du

jetzt den Brunnenknecht machst.« Lazarus Windisch nimmt das Seilende mit dem Eisenhaken und macht das Gefäß fest. »Wollen uns sputen, sonst kriegen sie das Zeug noch kalt hinunter.«
»Es dampft noch, Steiger.«
»Muß aber dreißig Meter in die Tiefe. Komm ...!«
Langsam drehen sie den Kurbelgriff. Die große Haspelwelle knarrt und quietscht. Elle um Elle rollt das Seil ab.
Für die Männer am Brunnenschacht teilt der Holzkübel den Tag. Nach der Sonne sich zu richten, haben sie verlernt. Die haben sie nicht mehr gesehen, seit man im Wirtschaftshof mit den Bauen begonnen hat. Früh hinunter und abends hinauf, das mache schon genug Umstände – so hatte man gesagt.
Paul Friemer ist mit seinen zweiundsiebzig Jahren der älteste unter den Gefangenen. An jenem ersten Tag hatte er den Kübel abgenommen. Das Amt ist ihm bis heute geblieben. Er ist es auch, der ganz besonders auf die Streithähne und die Vielfraße achtgibt, wenn sie alle rings um den Kübel kauern und löffeln. Freilich, zum Sattwerden ist es meistens nicht. Aber gerade deshalb muß es gerecht zugehen.
Heute beobachtet der alte Friemer auch wieder einen. Keinen Nimmersatt, nein! Veit Stelzer hat gestern schon nicht gegessen. Heute hält er den Löffel wieder in der Hand und rührt sich nicht.
»Laß dich's nicht grauen, Veit«, sagt er väterlich. »Wir würgen es auch hinunter. Etwas in den Magen kriegen mußt du. Gehst sonst vor die Hunde.«
Veit starrt die düstere Wand an.
»Was ist dir?« rüttelt ihn sein Nebenmann an der Schulter.
Was ist dir? – Dabei wissen alle um die Stunden, wo es nicht mehr weitergehen will.
Spanfunzeln erhellen spärlich den Schacht. Schatten huschen. Zuckt es um Veits Mund?
Er schweigt noch immer.

Da schauen sie einer nach dem anderen auf Brosius Utmann. Der geht und hockt sich neben ihn. »Du mußt essen, Veit!« Mußt, sagt er und sagt es doch bittend.
»Nein!«
Brosius hält ihm einen Löffel voll Brei an den Mund. Wie einem Kind. Aber keinen der Männer kommt das Lachen an.
»Denk an dein Weib, an die Kinder ...«
»Ich kann nicht mehr. Wir verrecken ohnedies hier.«
Brosius nimmt die einzige irdene Schüssel, die sie haben, rafft Grütze ein und reicht sie Paul Friemer. Der hält sie über einen brennenden Kienspan.
»Willst du der einzige sein, Veit, der nicht mit uns hofft?«
»Hast gut reden, Utmann. Bist du schon so lange gefangen wie ich?«
Brosius zögert einen Augenblick, ehe er spricht.
»Ich stecke schon zum zweitenmal hier unten ...«
Er sagt es langsam und gedämpft.
»Zum zweitenmal?« zweifelt Veit.
»Ja«, sagt einer, »ich kenne ihn.«
»Ich auch.« – »Ich auch.«
»Und warum haben sie dich das erstemal fortgelassen? Hast es wohl gut verstanden mit irgendeinem, wie?«
»Bin damals geflohen«, entgegnet Brosius ruhig. »Dachte auch, ich hielte es nicht lange mehr aus. Dann haben sie mich wieder gefangen ... Kenne die Stockfinsternis auch, Veit, o ja. Ohne ein Fünkchen Licht. Ohne Weg und Steg. Aber ich weiß einen, der hindurchhilft. Halt dich an den, dann hält er dich!«
Paul Friemer reicht Veit die warme Schüssel.
Der nimmt seinen Holzlöffel. Und ißt.
Aber sein Gesicht bleibt finster. Brosius entgeht es nicht.
Sie fangen wieder an zu arbeiten. Ein Korb kam am Seil herunter und will mit Gestein beladen sein. Ehe sie ihre Menge nicht geschafft haben, gibt's keine Rast. Paul Friemer und

Brosius Utmann bleiben noch für einen Augenblick miteinander stehen.
»Woher nimmst du's nur, Utmannbauer? Jeden weißt du anders anzupacken.«
»Veit ist noch nicht wieder zuversichtlich …«
»Aber er hat gegessen. Und du wirst ihn wieder aufrichten, ich weiß es.« Nach einer kleinen Pause: »Nur gut, daß wir dich haben, Brosius. Ohne dich wäre hier keiner getröstet gestorben. Der Matthes ausgenommen. Und manch einer wäre längst verzweifelt, wenn du nicht …«
»Nicht ich!« wehrt Brosius heftig ab. »Dort droben, dort! Höher aber als dreißig Meter hinauf!«
»Freilich«, nickt der Greis, »freilich. Aber du weißt es zu sagen. Ich denk' oft, früher – daheim noch, da hat der Utmannbauer nie so zu reden verstanden.«
»Hab' hier unten gelernt, auch um Worte zu beten.«

»Guten Abend, Bergmeister«, erwidert der Steiger Planers Gruß, »wartet einen Augenblick! Wollte Euch gestern schon etwas sagen.«
»Ich muß Euch ein Stündchen zu mir bitten, Lazarus. Aber sagt mir nur erst, wo es Euch fehlt.«
»Bergmeister, die Gefangenen kriegen seit langem einen Fraß – es ist nicht mehr mit anzusehen. Aus dumpfem Korn. Einmal mit viel Wasser, einmal mit wenig. Das gibt keine Kräfte. Da ist kein Vorankommen. Könnt Ihr nicht einmal ein Wort einlegen?«
Planer geht schweigend neben dem Steiger her.
»Ihr antwortet nicht, Bergmeister? Und was macht Ihr für ein Gesicht? Was habt Ihr?«
»Was ich habe? – Sorgen, Lazarus, drückende Sorgen. Aber kommt, wir wollen erst in meine Stube gehen.« Drinnen geht er ein paarmal auf und ab, ehe er weiterspricht. Und sieht Lazarus Windisch nicht an, als er dann beginnt.
»Seine Gnaden haben mich gestern zu einer Aussprache

gebeten. Ich wußte im voraus, daß es wieder das alte Lied sein würde: Der Brunnen müßte längst Wasser geben. Zu langsam geht es, viel zu langsam. Und zu teuer wird es. Wie bei Lotter. Mir ahnte nichts Gutes, zumal – na, ihr wißt es: Eine Stunde zuvor hatten Seine Gnaden den Lotter nicht einmal mehr eingelassen. Ich will es kurz sagen, Steiger: Von heute an bekomme ich keinen Pfennig mehr für den Brunnenbau. Nicht einen. Der hochwohllöbliche Graf, der neue Herr Baumeister, mag es Seiner Gnaden ins Ohr geblasen haben.«
Der Steiger und Planer schweigen lange.
Bis endlich Lazarus Windisch sagt: »So bin ich also – entlassen, Bergmeister.«
»Entlassen? Ihr?« fährt Planer herum. Und nach kurzem Besinnen: »Ach so, Ihr meint, nun wäre hier Schluß? Nein, nein, Steiger. So wettet der Hans Martin Planer nicht. Bei dem ist's nicht wie bei Lotter, daß ihm das Geld ausging. Der wird es beweisen, daß der Brunnen doch Wasser gibt. Sie werden darauf stoßen, sie werden es finden, das weiß ich so sicher wie daß morgen ein neuer Tag anbricht. Ja, Lazarus, ich werde auf eigene Kosten weitergraben lassen. Habe es dem Kurfürsten auch gesagt. Und ich weiß, auch er glaubt noch an das Gelingen meines Werkes, auch wenn er mir das Geld streicht. Mehr noch: Diese Maßnahme soll das Werk nur hurtiger vorantreiben. Seine Bedingung, die er dazu stellte, beweist es. Beweist auch, daß er von vornherein auf meinen Ehrgeiz rechnete.«
»Bedingung, sagt Ihr?«
»Der Kurfürst machte sein Ja zu meiner Weiterarbeit davon abhängig ... Wie soll ich es sagen? Die Leute früh und abends hinunter- und heraufseilen muß unterbleiben. Sie sollen sich unten einen Seitengang hauen und darin hausen. Statt ihrer wird dann ihres Leibes Nahrung und Notdurft am Haspel hinunter- und heraufgelassen ...«
Immer schneller spricht der Bergmeister – und bricht dann jäh ab, als Windisch ungläubig den Kopf schüttelt.

»Nein, Bergmeister«, sagt er ruhig, »das tut Ihr nicht.«
»Er hat sich auf keine Weise davon abbringen lassen. Zeit muß gespart werden. Und Mittel. Nicht die meinen, nein. Aber er hat mir die volle Rückzahlung versprochen, sobald ich Wasser bringe.«
Lazarus Windisch steht das Entsetzen in den Augen.
»Bergmeister, Ihr wollt also doch ...?! Nein, das ist nicht Euer Ernst, nein, nein!«
»Was erregt Ihr Euch, Steiger? Ich habe letzte Nacht alles durchdacht. Seht, führe ich das Werk nicht fort, tut's ein anderer. Mittags geht es jetzt ja auch, daß sie unten bleiben. Außerdem: Haben es die Leute nicht besser, wenn sie nicht an die Steine gekettet sind?«
»Und Licht? Ein wenig – Sonne?«
»Sehen sie jetzt auch nicht.«
»Könnt Ihr das vor Gott verantworten, Bergmeister?«
»Ich führe nur aus, Steiger, was mir befohlen wurde. Vater August sagte gestern: ›Was Wir auch tun, es geschieht letztlich zu Christi Lobe.‹ Was wollt Ihr also? Geht, sagt es den Leuten, die sollen nicht umsonst auf den Förderkorb warten. Macht es ihnen ein wenig schmackhaft – wenn Ihr könnt.«
»Ich, Bergmeister, ich ...?«
»Seid nicht feige, Windisch!«

»Nun, Utmann?« bricht Veit Stelzer als erster die eisige Stille, nachdem der Steiger wieder fort ist.
»Halte dich an Gott, dann hält er dich«, höhnt er. Und als keiner antwortet, schreit er heraus: »Er läßt uns alle umkommen! Keiner sieht Weib und Kind wieder!«
»Ob wir heimkehren oder nicht, liegt in Gottes Hand. Und ich weiß eins: Er kann!« Brosius spricht ruhig und besonnen.
Mit Veit fahren jetzt auch andere auf. »Bist du blind? Oder willst du nicht sehen, wie sie's treiben, die Christi Namen

ständig im Munde führen?« – »Wo ist Gott?« – »Glaubst du noch immer, Utmann?« – »Denen geht alles für voll aus. Ich hoffe nicht mehr!«
In hilflosem Zorn schleudern die einen ihre Worte Brosius entgegen. Mutlos und tonlos die anderen. Utmann hat sich hoch aufgerichtet.
Paul Friemer steht mit gebeugtem Rücken, aber freiem Blick dicht neben ihm.
»Denen geht alles für voll aus, sagst du, Veit.« Des Bauern Stimme ist fest und klar. »Ja, das Schloß wird stolz und protzig vom Berg schauen. Und dieser Brunnen wird Wasser geben, mag es vielleicht auch noch lange dauern. Sie werden kommen und auf dem Schellenberg Feste feiern, saufen und ihre dreckigen Possen reißen. Pfui Deibel, wenn ich daran denke! Von denen wird keiner danach fragen, wieviel Blut und Tränen hier hineingebaut sind.
Einer nur, Gott im Himmel, wird's nicht vergessen – bis auf den Jüngsten Tag. Gott ist gerecht. Er bleibt der dreimal Heilige, auch wenn Menschen seinem Namen Schande machen. Und schinden sie mich auch bis aufs Blut – ich sage: Dennoch!«

Bücher von Ingerose Paust

Und traf sie mitten ins Herz
Zwischen den Fronten – die Geschichte einer Familie in Kroatien

160 Seiten. Fester Einband. 2. Auflage

Zwischen alle Fronten gerät der Lehrer Pavlovic mit seiner Familie. Er ist Kroate und lebt mit seiner serbischen Frau Jovana und den drei Kindern in Vukovar. Ein Kroate und eine Serbin – kann so etwas gutgehen?
Jahrhundertealte nationale Gegensätze – zur Zeit Titos notdürftig überdeckt – brechen nach dessen Tod wieder auf. Leidenschaftlich und voller Haß, erbarmungslos wird der Kampf auf beiden Seiten geführt.
Packend und mitreißend schildert die Autorin in diesem Roman die dramatischen Ereignisse der letzten Jahre, die zum Zusammenbruch des Vielvölkerstaates führten. Zeitgeschehen – spannend und zutiefst erschütternd erzählt.

Auszug der Achthundert

Eine historische Erzählung

356 Seiten. ABCteam-Taschenbuch

Auf dem Dachboden eines alten Pfarrhauses wurden sie gefunden – Prozeßakten aus der Mitte des vorigen Jahrhunderts. Sie sind Grundlage des spannenden historischen Romans, der das Schicksal jener achthundert Christen nachzeichnet, die 1837 um des Glaubens willen ihre Heimat verlassen.
Unter der Führung des Dresdner Pfarrers Martin Stephan – einer überaus schillernden Persönlichkeit – wagen sie das Abenteuer, in Amerika ihren „Gottesstaat“ zu gründen, in dem sie niemand mehr wegen ihres Glaubens verfolgen würde.
Aber haben sich die „Achthundert“ dem richtigen Mann anvertraut? Ahnen sie auch nur etwas davon, welche dramatischen Ereignisse auf sie warten? Eine spannende, bewegende Lektüre.